"十三五"国家重点出版物出版规划项目

新时代学生发展核心素养文库(高中卷)

# 人类命运共同体

吴启春　李　皓　编著

华东师范大学出版社

·上海·

**图书在版编目(CIP)数据**

人类命运共同体/吴启春,李皓编著. —上海:华东师范大
学出版社,2018
(新时代学生发展核心素养文库.高中卷)
ISBN 978 - 7 - 5675 - 8225 - 5

Ⅰ.①人… Ⅱ.①吴… ②李… Ⅲ.①国际关系-青少
年读物 Ⅳ.①D81 - 49

中国版本图书馆 CIP 数据核字(2018)第 232960 号

新时代学生发展核心素养文库(高中卷)

**人类命运共同体**

总 主 编 夏德元
编 著 吴启春 李 皓
策划编辑 王 焰
责任编辑 舒 刊
特约审读 朱 茜
责任校对 郭 琳
装帧设计 高 山

出版发行 华东师范大学出版社
社 址 上海市中山北路 3663 号 邮编 200062
网 址 www.ecnupress.com.cn
电 话 021 - 60821666 行政传真 021 - 62572105
客服电话 021 - 62865537 门市(邮购)电话 021 - 62869887
地 址 上海市中山北路 3663 号华东师范大学校内先锋路口
网 店 http://hdsdcbs.tmall.com

印 刷 者 启东市人民印刷有限公司
开 本 700×1000 16 开
印 张 7.75
字 数 101 千字
版 次 2020 年 12 月第 1 版
印 次 2020 年 12 月第 1 次
书 号 ISBN 978 - 7 - 5675 - 8225 - 5
定 价 28.00 元

出 版 人 王 焰

# 总序

核心素养(Key Competencies)概念最早见于世界经济合作与发展组织(OECD)在 1997 年 12 月启动的"素养的界定与遴选:理论和概念基础"项目。经过多年深入研究后,OECD 于 2003 年出版了报告《核心素养促进成功的生活和健全的社会》,正式采用"核心素养"一词,并构建了一个涉及人与工具、人与自己和人与社会三个方面的核心素养框架。具体包括使用工具互动、在异质群体中工作和自主行动共三类九种核心素养指标条目。

中国学生发展核心素养于 2013 年 5 月由教育部党组委托北京师范大学牵头开展研究。2014 年 4 月,在教育部印发的《关于全面深化课程改革落实立德树人根本任务的意见》中,确定了"核心素养"的重要地位。其后,在教育部的指导下,成立了由上百位专家组成的课题组。在深入研究和征集社会各界意见的基础上,2016 年 9 月,专家组正式发布了中国学生发展核心素养的框架和内涵。

按照这个框架,核心素养主要指"学生应具备的,能够适应终身发展和社会发展需要的必备品格和关键能力"。中国学生发展核心素养,以科学性、时代性和民族性为基本原则,既考虑了中国社会各界的期待和要求,同时也借鉴了世界各国关于核心素养的研究成果,以培养全面发展的人为核心,分为文化基础、自主发展、社会参与三个方面。综合表现为人文底蕴、科学精神、学会学习、健康生活、责任担当、实践创新六大素养,具体细化为国家认同等十八个基本要点。

2019 年 2 月,国务院印发的《中国教育现代化 2035》中指出:"完善教育质量标准体系,制定覆盖全学段、体现世界先进水平、符合不同层次类型教育特点的教育质量标准,明确学生发展核心素养要求。"这说明学生发展核心素养的培养,已经进入国家决策层的视野,成为中国未来人才培养质量整体提高的必然要求。

近年来,围绕中国学生发展核心素养的内涵、外延、培养目标、培养途径等宏观问题,以教育界为代表的各界有识之士展开了广泛而深入的研究,发表了一系列颇有新意的理论成果,并在实践层面做出了可贵的探索。但是,不容忽视的现实是,系统阐释核心素养各个基本要点的基本思想、具体内容、培养途径的著作罕有问世;而能结合培养对象的年龄特点、心理特征、知识背景、社会阅历和培养目标等诸要素,可供家长、教师和学生共同阅读、参照实施的深入浅出的普及读物更是付之阙如。为此,我们特策划组织对学生发展核心素养各个基本要点素有研究、思考和实践经验的高等院校、教育科研机构和中小学优秀教师,共同编写了这套丛书。

本丛书围绕核心素养课题组提出的三个方面六大核心素养诸基本要点,分小学、初中和高中三个阶段,每个阶段针对学生年龄特点,分别按照不同要点设计选题,首批推出三十余种图书。

关于丛书体例,策划者并未做划一的规定;但为体现这套书的总体定位,我们把丛书的撰写要求提炼为四个关键词:

一、发展。以有利于学生人格健全和全面发展为宗旨,不局限于知识的传输,而是着眼于学生的终身发展,把知识积累和能力成长、社会参与、人生幸福结合起来。

二、跨界。跨越学科界限,面向学生、家长、教育工作者等多类读者,尽量就一个方面的问题从多角度展开叙述,使内容更加丰满。

三、启蒙。针对中国教育中存在的现实问题和困惑进行启蒙式的讨论,启发学生、家长、教育工作者反思,解决学生、家长、教育工作者在现实中遇到的困惑,引导学生、家长共同成长、进步。

四、对话。体现对话精神,作者与读者通过文字媒介进行平等对话交流。写作时心里装着读者,让读者阅读时能够感到是和作者在对话,让读者感受到作者的体温和呼吸。为体现这种精神,可以设置问答环节,可以采用对话体,也可以用生活中的真实事例进行阐发。

丛书策划方案定型后，得到上海市委宣传部和国家新闻出版署的高度重视和大力支持；选题列入"十三五"国家重点出版物出版规划项目后，数十位作者殚精竭虑，深入调研，认真撰稿；作者交稿后，出版社十多位编辑精益求精、全心投入，与作者密切联系，反复讨论，改稿磨稿。整个项目前后历时三年，于今终于可以和读者见面了。

希望本丛书的问世，能给广大学生、家长、教育工作者一些切实的帮助，为新时代中国人才培养工作贡献一份力量。对于丛书中可能存在的问题和欠缺，欢迎读者提出批评建议，以便在图书再版时改进。

# 目录

**第一讲　命运共同体提出的时代背景**　　　　　　　　　　1

一、我们所在的全球化时代　　　　　　　　　　1

二、国际舞台中的不同角色　　　　　　　　　　10

三、国际组织扮演重要角色　　　　　　　　　　16


**第二讲　国际交往与融合**　　　　　　　　　　25

一、国际行为准则　　　　　　　　　　25

二、大国政治交往　　　　　　　　　　33

三、国际经贸交往　　　　　　　　　　40

四、国际文化交流　　　　　　　　　　46


**第三讲　当前全球治理的共同挑战**　　　　　　　　　　61

一、全球变暖　　　　　　　　　　61

二、国际恐怖主义　　　　　　　　　　65

三、欧洲难民危机　　　　　　　　　　68

四、黑客与网络安全　　　　　　　　　　72

**第四讲　人类命运共同体的内涵**　　　　　77

　　一、全球化时代的新判断　　　　　77

　　二、全球治理的新观念　　　　　81

　　三、全球治理的新模式　　　　　87


**第五讲　人类命运共同体与"一带一路"**　　　　　92

　　一、"一带一路"倡议的提出与内涵　　　　　92

　　二、"一带一路"倡议的伟大成就　　　　　102

　　三、"一带一路"对人类命运共同体的推动　　　　　108

# 第一讲　命运共同体提出的时代背景

　　进入 21 世纪以来,国际社会已彻底走出二战后曾经笼罩全球的冷战阴云,国际格局正在发生历史性的深刻变革。美国依仗其在两极格局中积累的绝对优势以及超级实力,控制着世界霸权,在全球各地施加影响。而世界上其他竞相生长的地区性大国,在不断发展自身实力的同时,也深刻影响着世界的发展,构成国际交往行为中的绝对主力。传统的军事战争似乎正在远离我们的生活,但放眼全球,冲突从未间断,中东地区依然深陷矛盾与冲突的漩涡,形成一触即发的地区热点。诸如恐怖主义、网络安全等非传统安全问题,也不甘示弱,汹涌袭来。全球化时代中,无论世界形势如何变幻,身在其中的各个国家都无法独善其身。在不断涌现的复杂问题面前,世界各国唯有携手合作,方能互利共赢。

## 一、我们所在的全球化时代

　　全球化时代——毫无疑问,这一词汇是对现阶段人类社会最贴切的描述之一。人类社会正处于全球化的空前浪潮之中。全球化这一概念,显得既无处不在,又充满疏离感。这样一个流行术语的定义对于大部分人来说,是模糊不清、难以一言以蔽之的,那么,如何理解全球化呢? 让我们从全球化的现象入手,一层一层剥开全球化的"奥秘"。

**【纷繁多样的全球化时代】**

请想象一下：当你坐在教室聚精会神学习的时候，你手中精美的钢笔可能来自位于日本或者德国的工厂，书桌上的数学教材则远渡重洋被英国的教育机构所引用，老师正在讲解关于美国金融危机的知识，而你在想，这样一场金融危机与中国又有怎样的关系。随着法国作曲家马斯涅的《沉思》响起，大家开始课间休息，同桌向你炫耀上次出境旅游买的新衣服，而你更想问他，有没有时间和你去看新上映的好莱坞大片……当你意识到这些生活中的种种细节时，你就已经"触摸"到了全球化。

美国汉学家薛爱华（Edward Hetzel Schefel）曾以"撒马尔罕的金桃"[①]统指中国盛唐时代接触到的国外舶来品，如今我们却越来越难区分到底哪些是"国货"，哪些是"洋货"。2010年南非世界杯，一种名为"呜呜祖啦"的大喇叭为世界各地人民所熟知。这种工具最早起源于非洲，彼时，当地人用羚羊角制成发声工具，用来驱赶伺机侵扰人类的狒狒，以及召集部族成员集会，后来慢慢演化为南非球场上特有的助威工具。而当年世界杯赛场上球迷所持的"呜呜祖啦"却有90%都来自万里之外的中国义乌。这种奇妙的组合并非仅有这一例，被称为"世界超市"的浙江义乌，早已将日用小商品卖到世界各地。"天下熙熙，皆为利来；天下攘攘，皆为利往。"贸易全球化已然成为全球化进程中最具代表性的行为活动。贸易本身的"买低卖高"属性决定着商品的跨地区性质。可以说，贸易驱动了人类大部分的跨区域行为及活动，所谓的"大发现时代"或者"大航海时代"，也是一场以贸易为实质的跨区域开发行为。

对于大众而言，全球化在日常生活当中有着更充分的发挥，这不仅仅体现在

---

① ［美］薛爱华：《撒马尔罕的金桃——唐代舶来品研究》，吴玉贵译，社会科学文献出版社，2016年版。

我们拥有了更多的消费选择以及更丰富的物质生活上,更蕴含在我们日常接收到的信息与知识之中,甚至已经成为一种潜移默化的思维方式。跨区域的人员流动,也为全球化赋予了更多精彩与意义。前文提到的浙江义乌,不仅将商品卖到世界各地,同时也汇集来自世界各地的货物与商人。曾有新闻报道①,浙江义乌某街道甚至邀请当地的外籍商人参与城市管理工作,而这名被邀请的哥伦比亚籍餐厅老板,已经来华经商十余年,不仅中文流利,更深谙中国社会管理的运行机制,产生文化层面上的归属感与认同感,称义乌为"第二故乡"。世界范围内的相互依存与文化融合,也为地区的生存与发展带来冲击和更新。

但是人员流动也并非都是正向意义的,以 2015 年以来的欧洲难民危机为例,所谓的难民群体中不乏一些国际恐怖主义或者宗教极端主义人士鱼目混珠,企图对欧洲进行恐怖袭击等活动,造成恶劣影响。但是我们也要注意到,中东地区的恐怖主义、宗教极端主义的兴起,其实与美国等霸权国家粗暴干涉中东地区事务有关。国际恐怖主义组织——"基地组织"通过"9·11事件"震惊了全世界,其头目本·拉登而后又通过一卷录像带进一步带动中东地区反美情绪的蔓延。这卷录像带当时被送至卡塔尔半岛电视台播出。视频中他"义正词严"地谴责现代化与全球化,却不得不借用现代技术手段录制视频并借由半岛电视台播出,这家和美国跨国公司"时代华纳"有着长期稳定合作的电视台,将他的信息传播给全世界。这一事例说明,全球化带来了多样性的联系,即使反全球化者也无可避免。


**【全球化的"奥秘"】**

全球化,这一词汇的词性更偏向动名词。它在描绘一种不断实现中的状态的

---

① 金华新闻网,《巡街了!来自哥伦比亚的"洋街长"参与义乌城官工作》,见 http://www.jhnews.com.cn/2017/0704/768031.shtml。

同时,也在说明其不断变化的过程。这种过程将世界上不同社会状态的经济、政治、文化等层面的模式及生活方式进行筛选、匹配、改造,使之形成在某些重大方面逐渐趋同的状态。

图 1-1　美国在"9·11"事件之后,打响"反恐战争"

即使最专业的学者也无法对全球化作出恰当且实用的定义,学术界对全球化的具体定义也是千差万别的。我们至少可以区分出五个不同的全球化定义,这些定义之间存有某种范围上的联系或者某种程度上的重叠,但他们所强调的重点依然有着本质上的差别。我们可以将之视为对全球化的不同层面的解析。

第一种层面将全球化解析为"国际化"。这种层面中的全球化更加侧重国家间跨边界关系的交换和相互依存。这样一种层面的交流与相互依存可以说自人类诞生发展开始便已经存在,只不过"国家"概念的出现使边界和范围更加具体化。

第二种层面将全球化解析为"自由化"。这一层面着重强调全球化中的经济贸易关系。这种层面上的"全球化"将经济贸易从国家政府层面解绑,促进贸易、货币、资本在世界范围内的流通,形成全球层面的经贸自由。

第三种层面将全球化解析为"世界化"。这一层面着重强调全球化中的文化传播与融合。在这一层面上，"全球化"是将不同文化观念、思维方式等传播到世界上任意角落的使者，是促进不同事物之间交流与融合的驱动力。这一层面的"全球化"是美国唐人街里的中餐馆、是全世界基督教徒庆祝的圣诞节、是好莱坞大片在全球席卷票房等事物与现象的集合。

第四种层面将全球化解析为"西化"或者"现代化"。这一层面的"全球化"侧重于解释全球化的来源，将全球化的原始驱动力解释为资本主义的扩张以及西方工业的兴起，将全球化视为西方殖民时代的产物。某种意义上这样的定义是存在合理性的，然而从另一个角度而言，如果没有被殖民地的资源、劳动力以及广袤的市场，资本主义又如何有动力去扩张呢？

第五种层面将全球化解析为"超地域化"。这一层面的"全球化"是将传统地理观念重新构建的过程。自1648年威斯特伐利亚体系确立国家领土主权、主权独立平等的现代国际关系基本原则之后，"国家"这一词汇比任何地域范围上的定义都更凸显且主流。但是随着科学技术的不断发展，当人们接触到更为先进的通信工具和交通方式，以国家为单位的范围定义似乎不再贴切。电话、互联网、大气层的臭氧枯竭等甚至不需要考虑地域范围的限制，这样一种单独的空间组织形式，我们称之为"全球"。

以上五种层面的"全球化"均具有一定的现实基础，无论从哪个角度出发，我们都可以对当前现实予以一定程度的解释，同样也能从历史发展中找到相应的佐证。但是只有将这五种层面结合起来观察，我们才可以更加全面地考察全球化这一现象。

全球化的定义，存在不同层面的解析以及角度上的差别。然而这一现象确确实实贯穿在我们生产、生活的每个细节，从始至终、触手可及。全球化已经深刻并正在改变着世界的政治、经济、文化等各个领域，推动着人类不断去变革、去反思。

**【历史视角下的全球化】**

全球化具有多重内涵和意义,从不同角度观察会得到不同的答案。当我们从历史视角去考察全球化时,我们会发现,在历史的时间轴上,全球化并没有一个确切的起始源头,但人类社会其实一直都在全球化的趋势与过程之中。全球化的历史涵盖了我们星球所有的地区和文化,漫长岁月中充满了不可预料的意外、剧烈的转变等历史事件,人类科技进步不断催生的技术以及人类社会文明的不断进步,推动全球化一步一步发展到现如今的水平和层次。

如果从跨地域性质的人类行为开始算起,我们可以一直追溯到史前文明,全球化其实和人类本身一样古老。大约一万两千年前,一小群猎人和采集食物者抵达了南美洲的南端,标志着人类走出非洲之后一百余万年以来,终于完成在五大洲的散布。最初散布世界的成千上万狩猎者及食物采集者群体只能以偶然的相互接触产生交集。大约一万年以前,随着动植物驯化和驯养本领的提高,一部分人类开始定居生活,或围绕肥沃的土地,或追逐充足的水源,食物开始出现剩余。此时人类出现了以资源分配为权力的部落酋长制社会模式。

随着人类社会的不断进步,以文字和轮子为代表的文化及技术开始突飞猛进。其中持续时间最长、技术水平最发达的当属幅员辽阔的东方文明古国——中国。经过数百年的战争,秦始皇开创了中国历史上第一个中央集权制的封建王朝。在随后漫长的封建社会中,汉、唐、元、明等不断发展,拥有举世瞩目的技术革新,先进的耕作工具、灌溉系统,先进的罗盘、武器,精美的丝织品,统一的度量衡及货币,优秀的法典等,这些都促进了贸易和市场的发展。其中,丝绸之路的开拓连接了中华帝国和罗马帝国,具有多元文化背景的旅行者、商人们开始在这条伟大路线上穿梭。15世纪的郑和船队,更开辟了海上丝绸之路,穿越印度洋,直达非洲东海岸,建立一系列贸易据点。

图 1-2　规模宏大、栩栩如生的秦始皇兵马俑

随后,由于中国的封建统治者们开始施行"闭关锁国"政策,资本主义萌芽被扼杀,欧洲国家开始成为推动全球化历史的主体。其实对于全球空间的想象及概念,早已在波斯教和佛教中有所体现,西方的基督教和犹太教也都坚信着超地域社会的存在,欧洲中世纪末期的托勒密提出了明确的"地圆说"。14—15 世纪,随着西班牙、葡萄牙等海上强国的不断扩张和对远洋航海的支持,"探险时代"起锚。随着迪亚士、哥伦布等人的船队陆续抵达好望角、美洲等尚未发掘之地,麦哲伦的环球旅行证实了"地圆说",人类开始意识到地球作为整体的存在。欧洲新兴的商

图 1-3　文艺复兴时期的建筑雕塑

业阶层,开始向全世界范围内"播撒"贸易。随着 17—18 世纪资产阶级革命和工业革命的兴起,资本主义殖民时代拉开大幕。滚滚而来的金钱更加刺激了工业发展,19 世纪第二次工业革命带领人类进入电气时代。迅速发展的交通工具和通信方式,将地球的空间概念进一步压缩,全球各地区之间的相互依存更加紧密。

随着资本主义世界的空前繁荣,移民、城市化、殖民地、资源、市场等发展愈来愈快,竞争愈来愈激烈,最终,在 20 世纪初期,极端民族主义导致了两次可怕的世界大战以及长期的经济大萧条。二战中法西斯轴心国溃败,同盟国对战后秩序进行了安排,为世界各地的民族解放运动以及全球性的流动和交流奠定了基础。随后美苏两个超级大国的争霸格局却使世界又一次陷入全球性冲突的阴影之中,高度紧张的局势以及足以毁灭一切的核弹库,使人类面临前所未有的恐惧。

如果说,人类历史的所有行为都只是全球化这一过程中不断积累的量变过程,那么从 20 世纪 60 年代开始,全球化终于开始发生质的飞跃,全球性真正开始渗透并占据人类社会的方方面面,成为人类社会的最重要标签。航天技术的发展,使人类飞出地球从外太空中全览我们共同的家园;以联合国为代表的国际性组织的相继成立,使不同的国家主体和各类专门化组织或机构有了稳定、正式的交流交往平台;通信和传媒技术的发展,让各类文艺作品开始通过电视、网络等传播到世界各地,文化的交融日益紧密;而交通技术的进步,则将人们送往世界各地,不同国家、地区和种族的普通人开始面对面地直接对话。在这一大背景下,世界范围内的各个大国纷纷开始布局全球战略,跨国公司将自己的生产体系设到不同地区。二战前后兴起的"高科技革命",在 20 世纪八九十年代蓬勃发展,以"World Wide Web"为代表的网络技术,让任何人都可以不受时间、地点的约束,融入"全球信息网"之中。

人类历史上迄今为止发生过的全球化行为,在内容和形式上一直在发生着新的变化,而在性质和方向上始终保持一致性的,只有以西方资本主义发展作为源动力推动的全球化。这种全球化在资本无限扩张的驱动之下,不断突破时空的界限,将人类各民族源远流长的联系和交往,推到前所未有的普遍化和紧密化的程度。然而,当前人类社会所经历的全球化,并非人类群体的最终归宿。我们不得不承认,当民族国家成为全球共同体的基本单元,民族之间的差异,特别是文化以及价值观上的不同,会产生直接碰撞。"在当代世界,极其重要的是,承认在不同文化内部的多样性。对于'西方文明''亚洲价值观''非洲文化'等作出过度简化的概括,喋喋不休地加以宣扬,常常削弱破坏了我们对实际存在的多样性的理解。对历史和文明的许多这样的解读,不仅在知识方面是浅薄的,而且增强了我们所生活的世界的分裂。"①当代世界的冲突与对抗往往来源于此,霸权主义对弱势国家的强横与傲慢,造就了极端的反抗意识,对不同文明的无知和粗鲁使世界陷入不安宁的地步。曾经笼罩在全人类的两极核战阴影、当今中东地区野火一般的国际恐怖主义等,都是所谓的霸权国家、"全球中心"所埋下的恶果。

现在我们正处于全球形势的历史转型时期。全球化下的人类社会不应该再为强制性的统一性秩序所控制,各个国家、民族、文化不再是"中心—边缘结构"的牺牲品。"人对人的剥削一消灭,民族对民族的剥削就会随之消灭。民族内部的阶级对立一消失,民族之间的敌对关系就会随之消失。"②全球共同体应该是一个互惠合作的新型共同体结构,全球化的未来发展在于各个民族、文化之间的民主与平等,在于命运相连、利益相通,摆脱不公正、不合理的旧秩序,塑造人类命运的共同体。

**【沉淀思考】**

1. 为什么西方资本主义发展主导的"全球化"必然会出现不平等?

2. 全球化的未来发展方向是什么?

---

① [印度]阿马亚蒂·森:《以自由看待发展》,任颐,于真译,中国人民大学出版社,2002年版,第247页。
② 《马克思恩格斯选集》第1卷,人民出版社,1995年版,第291页。

【延伸阅读】

1. 张康之:《共同体的进化》,中国社会科学出版社,2012 年版。

2. [英]简·阿特·斯图尔特:《解析全球化》,王艳莉译,吉林人民出版社,2011 年版。

3. 何顺果:《全球化的历史考察》,江西人民出版社,2012 年版。

## 二、国际舞台中的不同角色

莎士比亚曾说:"世界仿佛一个大舞台,所有的男男女女仅为舞台上的角色。"其实,世界政治就是世界这个大舞台上的一幕长演不息的宏伟大剧。在当今全球化时代的国际舞台上,主权国家依然是"主角",是国际关系的基本行为体,同时,国际组织也扮演着重要的角色。接下来,让我们一同走进主权国家的世界,揭开主权国家的神秘面纱。

图 1-4　梵蒂冈圣彼得大教堂

【主权国家的缘起】

身处全球化这个丰富多彩、日新月异的时代中,我们感受着全球化带给我们的便捷：我们不出国门就可以品尝到异国风味的菜肴，也可以穿上各国多种款式的漂亮服装，还可以坐在家中遍览天下事，当然，我们也可以走出国门，去全世界各地观光游玩或者留学深造，护照上写着我们的国籍，我们每个人也像国家的名片一样，可以对外国人微笑着说"我来自中国"。那么我们有没有想过，这些不同的国家是怎么来的呢？

国家，是一个重要的政治实体。在当今世界近200个国家当中，有像美国、中国、俄罗斯这样的大国，也有像梵蒂冈、摩纳哥这样的小国。一直以来，主权国家都是国际舞台上的"主角"，即便是在当今全球化的浪潮之中，国家仍然是国际关系中的基本行为体，在国际舞台上发挥着不可替代的作用。其实，自从人类进入到文明社会以后，国家就一直扮演着非常重要的政治角色，正如我们在漫漫历史长河中看到的，小到诸多独立自治的古希腊城邦，大到几个辉煌至极的帝国，或是中世纪的许多诸侯国和各种领地，这些都可以称为国家。然而，这些历史上曾经存在过的国家与当今的国家是十分不同的，最显著的不同是当今的国家具有明确的主权概念。

"主权"这一概念最早是由16世纪法国的政治学家和法学家让·布丹提出的。他认为主权是国家的最高权力，而君主只是国家主权的人格化身。现如今，主权是一个国家独立自主地处理对内对外事务的最高权力。我们不禁会问，让·布丹所提出的主权概念最早是什么时候被践行的呢？我们当今的国际体系又是源于哪里呢？让我们带着这些问题，一同走进国际关系的历史长河。可以说，战争是塑造国际关系的重要手段和主要力量。欧洲人是最早向全世界发起冲击的，他们使得曾经孤立分散的世界联系起来，开始演绎着一幕又一幕战争与和平的悲喜剧，我们当今的国际体系正是源于欧洲，并随着欧洲列强向全世界的不断扩张而推广到全世界。

关于当今国际体系的起点，不得不说的是发生在欧洲中世纪晚期的三十年战争。中世纪的欧洲是罗马天主教会和封建主共同统治的纷争不已的地区，欧洲的三十年战争发生在 1618—1648 年间,这场旷日持久的战争的参与者几乎包括了所有的欧洲国家。战争的背景十分复杂,牵扯到了欧洲各国以及神圣罗马帝国内部的政治、经济与宗教等方面的冲突和矛盾。战争始于德国的"新教同盟"与"天主教同盟"的内战,战争的导火索发生在东欧的波西米亚,也就是现在的捷克。战争爆发之后,丹麦、瑞典、法国站在"新教同盟"的一边,并得到了荷兰、英国和俄国的支持,神圣罗马帝国和西班牙则站在了"天主教同盟"的一边。战争以法国和瑞典取得优势而告终,召开了威斯特伐利亚会议并签订了《威斯特伐利亚和约》(以下简称《和约》)。《和约》确定了一些现代国际关系的基本原则,确立了民族国家在国际关系中的主体地位,并肯定了国家主权原则。至此,中世纪的以罗马教皇为中心的神权政治让位于由主权平等的民族国家组成的国际社会。威斯特伐利亚和会以及《和约》塑造了威斯特伐利亚体系。1648 年威斯特伐利亚体系的确立是现代国际关系的缘起,主权国家作为政治实体进入到人类社会,主权国家先是以"民族君主国"的形式出现,后来又发展成了"民族国家"。

图 1-5　威斯特伐利亚会议

**【认识当今世界中的主权国家】**

当今世界中的主权国家也是民族国家,也就是那些具有相同的历史、统一的政治与同质的文化的多民族组合而成的国家。在当今的国际舞台上,可以称得上是"国家"的政治实体大约有 200 个。不过,二战之后,人们一般认为成为联合国成员国的才可以被称为正式的国家。1945 年联合国刚刚成立时只有 51 个成员国家,随后国家数量的逐渐增多主要得益于两个浪潮。第一次是非殖民化浪潮。在殖民地人民不屈不挠的努力与抗争下,1960 年联合国大会通过了《给予殖民地国家和人民独立宣言》,这样一来,殖民地纷纷独立并以主权国家的身份加入了联合国。第二次浪潮是在美苏"冷战"结束之后,苏联、南斯拉夫以及捷克斯洛伐克等多民族联邦制国家相继瓦解,分解出来了将近 20 个新国家。

世界上林林总总的国家各具特色,每个国家在领土面积、人口总数、经济实力、军事能力等方面不尽相同,但每一个国家都是国际舞台中的一员,也都具备以下四个共同的基本特点:

第一,国家拥有定居的人民。每一个国家的人口数量相差悬殊,全世界人口过亿的国家就有数十个,而与此同时,有的国家的人口则仅有几千。

第二,国家拥有界线之内的领土。通常情况下,这里所讲的领土是指在这个国家控制之下的领土。当然,也存在极其特殊的情况,那就是该国的领土尚未处在自身的控制之下,如巴勒斯坦在建国之时,其国家的领土处于以色列军队的控制之下,但很多国家也承认巴勒斯坦国为独立的主权国家。每个国家的领土面积千差万别,领土面积排在世界前几位的分别是俄罗斯、加拿大、中国、美国。

第三,国家拥有政府。政府承担国内与国际的双重职能,既在国内对国家的人民和领土进行管辖,又在国际上代表这一国家参与到国际事务之中。在当今世界上,由于每个国家的国情各异,政府的组织形式也不同,有人民代表大会制、总统制、议会制等多种形式。

第四,国家拥有主权。主权是一个国家独立自主地处理对内对外事务的最高权力,也是一个国家最重要与最根本的属性。如果一个政治实体拥有人民、领土与政府而不拥有主权,那该政治实体也不能被称之为国家,比如历史上处在西方列强控制下的殖民地正是因为丧失了独立处理内外事务的最高权力,失去了自身的主权地位,而在当时不是独立的主权国家。

一个独立的主权国家拥有四项基本权利,具体包括独立权、平等权、自卫权与管辖权。独立权是指,国家是一个独立的政治实体,可以按照自己的国家意志处理内政与外交事务,并不受其他国家控制和干涉的权利。平等权则是指,虽然每个国家的国家实力不同,但每个国家都是独立的政治实体,具有主权,因此不论大小国家在相处时应该一律平等,相互尊重。国家的自卫权也是国家的基本权利之一,国家可以使用武力来阻止外国入侵,保卫国家的主权领土完整与尊严,保护人民的生命财产安全。管辖权则是指,国家可以对其领域内的一切人和物进行管辖的权利。当然,国家在享有这些权利的同时也应履行作为主权国家的义务,包括不侵犯别国、不干涉他国的内政与外交、和平解决国家间的争端等。

了解了国家的基本权利与义务,我们感觉到每个国家似乎都是同质的,然而在现实中,由于每个国家的地理条件、幅员大小、自然资源、人口数量、文化基础等都不一样,因此,在国际交往中,不同的国家实质上是在不平等的条件下参加到国际体系当中的。这其中,大国一直在国际体系中发挥着主要作用。

按照不同的标准也可以将这些林林总总的国家进行分类。在经济上,有所谓的南方国家和北方国家;在军事上,有美国这样的超级大国,也有像科摩罗这样的小岛国;从人口数量的角度,有中国这样的拥有近14亿人的人口大国,也有像瑙鲁一样拥有不到2万人的人口小国;在民族组成上,大多数国家都是多民族国家,但也存在像丹麦、荷兰这样的单一民族国家。按照国家能力这一标准,我们还可以把国家分为强国和弱国。这里所讲的国家能力是指既能够在国内满足国民的物质文化等多种需求，又能够在国际上承担国与国之间的义务。按照意识形态的标准，如冷战时期的两个阵营，可以把国家划分为社会主义国家与资本主义国家。由此可见，不同的标准使得同一个国家可以具有多重的身份定位，同一标准也区分和识别出了各具特色的国家。

### 【主权国家的国际责任】

在全球化时代，主权国家以"主角"的身份发挥着重要的作用与价值。尽管在全球化时代背景下，国际舞台上的行为体是多元的，但主权国家作为国际体系中的基本行为体，掌握着公共权力，因此也承担着全人类的安全、幸福与促进全世界的和平与发展的责任。我们作为主权国家中的一员，了解与认识主权国家的国际责任也是十分必要的。在这里，我们可以将主权国家的国际责任划分为以下几个领域，具体包括经济领域、政治领域、安全领域与生态领域，当然主权国家的国际责任也不仅仅局限于这几个领域。

从经济领域来讲，经济全球化努力实现的是资本、技术、人员等各种生产要素在全球范围内的自由流动，在这个自由流动的过程中各国分享全球化带来的经济福利。当然，不可否认的是，在各国参与全球化的过程当中，也面临着经济危机等多方面的共同威胁。不论是分享经济福利还是面对共同威胁，每一个国家作为国际社会的成员都承担着推动世界经济可持续发展的责任，不应该采取贸易保护、市场投机等手段，只顾维护本国利益而将危机转嫁他国。从政治领域来看，每一个国家不仅对本国公民负责，也应该对国际社会负责。在当下，和平与发展是时代主题，然而不可否认的是世界上仍然存在着战争，在涉及一些热点问题的热点区域，战争与冲突仍在发生。有关国家在面对争端、分歧甚至战争时，应积极建立政治协商解决机制，推动国际热点问题尽快和平有效地解决，这是国家对于国际社会的政治责任。在安全领域方面，除了传统安全的威胁，如军事对抗、外交冲突等之外，非传统安全的威胁，如恐怖主义、跨国犯罪、信息网络安全等也形势严峻。

面对这样的世界环境,每一个国家都应承担起维护国际共同安全的责任,通过对话、互信与合作的方式来共同应对威胁。在生态领域方面,每一个国家都共同生活在这个唯一的地球上,共同保护我们唯一的家园也就成为了每一个国家的责任。在全球生态保护的问题上,国际社会中的国家应承担起共同但有区别的责任,创造和维护良好的生态环境。

**【沉淀思考】**

1. 当今的主权国家是怎样产生的?

2. 主权国家有哪些特点?

3. 如何理解国际舞台中主权国家的"主角"身份?

4. 国家为什么要承担国际责任?

**【延伸阅读】**

1. 刘德斌:《国际关系史》,高等教育出版社,2003 年版。

2. 俞正樑:《全球化时代的国际关系》,复旦大学出版社,2009 年版。

## 三、国际组织扮演重要角色

在国际社会之中,主权国家是现代国际关系中的行为主体,然而,随着信息技术的迅猛发展和全球化趋势的推进,国际组织也正在扮演着越来越重要的角色,它们不仅在数量上增长快速,覆盖面也越来越广泛,涵盖政治、经济、社会、文化、体育、卫生、教育、环境、安全、人口、妇女儿童权益保护、消除贫困等众多与人类生存和发展相关的领域,已成为参与国际事务和促进人类社会发展的重要力量,了解国际组织的发展与现状,才能更好地理解当前国际社会以及全球治理体系。

**【什么是国际组织】**

从概念上来说,国际组织也被称为国际团体或国际机构,指代的是具有国际行为特征的组织,是两个或两个以上国家(或其他国际法主体)为实现共同的政治经济或其他目的,依据其缔结的条约或其他正式法律文件建立的有一定规章制度的常设性机构。

图 1-6 欧盟旗帜

国际组织的分类有相当复杂的标准及体系。依据组织成分,可分为政府间组织和非政府间组织。我们在新闻中所熟知的联合国、世界贸易组织、欧盟等便属于政府间的国际组织。这些组织享有参与国际事务活动的独立地位,具有直接享受国际法权利并履行相应义务的能力,而不受国家权力的管辖。政府间组织是指若干国家为了达到一定的共同目标,以一定的协议创立的国家间组织,属于非国家行为体。其构成具备三个要素:成员国之间有合作的意愿,组织中有一定的结构和形式,组织有一定的运行机制。按照区域划分,可以分为世界性国际组织和区域性国际组织;按照政治和社会划分,可分为军事、经济、技术性国际组织。

政府间国际组织在国际社会中发挥着极为重要的影响力。其作用之一是充当多边外交场所,之二是在一定程度上发挥国际社会管理者的作用,之三是维护国际安全与和平,最后便是信息收集与交流、协调成员国行动。然而,在我们的视线中常常还活跃着这样一些国际组织,他们由不同国家的社会团体或个人组成,它与政府间的国际组织互为补充,这类组织是其成员根据共同的愿望和要求,为解决国际间种种问题或发展某一事业而组成的。一般具有常设工作机构,如我们所熟知的国际足联、奥委会、国际红十字会等,我们称这类组织为非政府间国际组织。其实,从宏观意义上来说,任何不是根据政府间协议建立起来的国际组织均应被视为非政府组织。其一般不直接影响国际政治事务,但在特定的功能性问题领域促进较大的跨国合作,在很多领域和政府间组织间形成协调与合作的关系。从国际法而言,非政府国际组织不具备国际法主体资格,但它们在国际社会中的影响和作用是客观存在的。非政府组织主要包括国际性宗教组织、国际性政治组织等。

**【国际组织源流】**

纵观人类发展史,资源的稀缺性和人的有限理性是人类产生竞争存在的根源,这就突出了竞争规则存在的必要性。竞争规则的产生则有自我形成和集体行动创生两种方式,当政府作为权威人保障竞争规则效力时,国内的政治经济活动便具有了秩序性。国际竞争则不同,国际环境处于一种无政府的状态,这就导致国际竞争中秩序性的不足,而由竞争引发的冲突又容易造成地区局势的紧张和战争的爆发,此时,国际组织便应运而生,成为冲突爆发时最规范的解决途径。

关于国际组织的思想可谓源远流长,早在 14 世纪,思想家但丁(Dante Alighieri)就倡导成立"人类统一体""联合统一的世界各国"。现代意义上的国际组织思想植根于 18 世纪与 19 世纪一些智者的著作,如圣西门(Henride Saint Simon)倡导建立"欧洲议会",本森(Jeremy Bentham)倡导建立"国际法庭",康德(Immanual Kant)倡导建立"和平联盟"等。近代思想家康有为的著作《大同书》所提倡中国古代"大同世界"的思想,也是国际组织的思想之一。

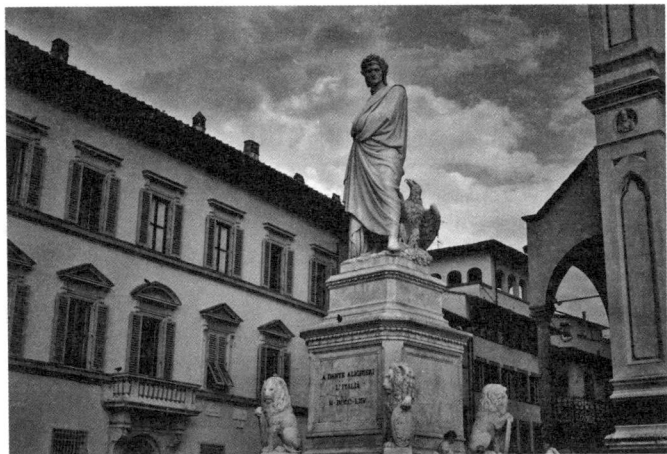

图 1-7　但丁雕像

进入 20 世纪后,国际组织的设立有了实质性的进展,大致可分为三个阶段:

第一阶段是一战后、二战前的"凡尔赛—华盛顿体系"。人类文明的发展进入 20 世纪之后,经历大航海时代和工业革命的浪潮,帝国主义时代的到来,世界开始连成一个整体。由于帝国主义的殖民地分赃不均,帝国主义列强之间的矛盾逐步激化,最终导致 1914 年爆发第一次世界大战。一战结束后,人们开始反思国际关系中的无政府状态所带来的灾难性后果,于是理想主义者们在战后开始考虑尝试建立一个国际组织来协调国际关系,维持各国间的和平。1920 年 1 月,人类历史上第一个具有广泛职能的世界性组织——国际联盟成立(简称"国联")。国联所标榜的宗旨是"促进国际间合作,并保持其和平与安全",然而,国联长期被英法操纵,英国将其作为自己外交政策的附属物,法国要使它成为推行凡尔赛和约的有效工具。除国际联盟外,还出现了如国际劳工组织一类的专门机构、国际常设法院这样的国际司法机构,以及一批非政府组织,但是由于当时世界主要为帝国主义国家所操控,这个时期的国际组织大部分都沦为了帝国主义国家的工具。

第二阶段是自二战末期至 20 世纪 80 年代末,是国际组织发展史上的黄金时期,国际联盟的失败和二战的爆发等事实激发人们去追求和创造更高形式、更有成效的组织形态,以维护世界和平,促进经济发展。1945 年 10 月 24 日,当今世界最大、最重要、最具代表性和权威性的政府间国际组织——联合国正式成立。随后,一大批全球性、区域性政府间国际组织如雨后春笋般涌现。同时,非殖民化运动和民族自决又极大地促进了第三世界国家的民族解放运动,主权独立国家数量得以迅速增长,国际社会的规模骤然间扩大了数倍,世界面貌发生了极大改观。同盟国精密部署的"雅尔塔体系"一定程度上形成了均衡的国际格局,有效制止了世界性战争的爆发,和平与发展成为时代的主流。同时,世界贸易市场、金融资本市场和以信息技术为代表的现代科技革命的传播,促成了国家间相互依存关系的进一步发展,寻求国际治理机制化、组织化的呼声越来越强烈,全球化的浪潮在涌动,进而国际组织的数量和规模也取得了爆炸性的突破。

第三阶段是自冷战结束后至今。冷战结束后,东西方政治、经济、文化等各方面交流愈加密切,随着信息技术的发展和全球化的推进,整个世界在此时真正变成了一个整体,这意味着全球化时代的到来。国际组织处于全球化时代的发展阶段,也是国际社会组织化程度大幅度增强的阶段。主要表现于贸易、金融领域的经济全球化,货物、服务、生产要素更加自由地跨界移动、合理配置、各国经济更加互相依存的一体化进程,这一进程大大强化了国际组织的地位,要求他们在形成和实施普遍性原则、规则和制度方面发挥更大的作用,国家对国际社会整体的义务大大凸显起来,国际社会日益要求加强对国家行为的规范机制,政府间组织更多地被用作制定和实施国际法的手段,从而推动国际法从一个软法、弱法到强制实施的转变。国际社会参与者的成分也发生着深刻变化,在传统主权国家、政府间国际组织继续占主导地位的同时,涌现了大量的非政府组织,市民社会的形态呼之欲出,根据 UIA(Union of International Associations,国际协会联合会)统计,2004—2005 年,包括其所有类型的各类国际组织共有 58 859 个,比 1991 年多 1 倍以上,其中,政府间国际组织数目为 7 350 个,非政府间国际组织有 51 509 个,分别比 1991 年多 61％和 109％。国际社会的日益组织化不仅表现在国际组织数目的增长上,更重要的是体现在国际组织范围的扩大上,它早已冲破初创时期的地域、领域局限,活跃在当今人类社会的所有方面。

**【当代重要的国际组织】**

**联合国(United Nations,简称:UN):** 国际组织的发展就是"人类统一体"思想发展的现实产物,也是国际关系活动中必不可少的重要力量,尤其在当今的国际环境下,国际组织仍将长时间地发挥其不可替代的作用。其中,在繁花似锦的国际组织中,联合国无疑是这其中开得最鲜艳的一朵。

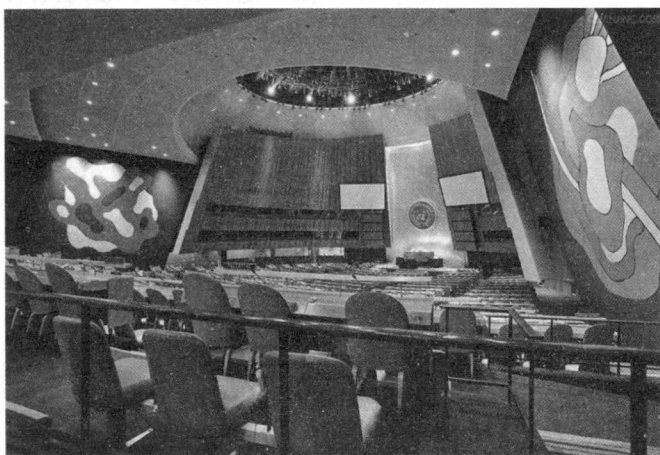

图 1-8　联合国会场

"联合国"一词由美国总统罗斯福提出,第一次正式使用是在 1942 年 1 月,美、英、苏、中等 26 国代表在华盛顿发表《联合国家宣言》。1944 年 8 月—10 月苏美英和中美英会议先后在华盛顿的敦巴顿橡树园举行,拟定了组织联合国的建议案。1945 年 4—6 月,五十多个国家代表在旧金山召开联合国国际组织会议并通过了联合国宪章和国际法院条约。同年 10 月 24 日,联合国宪章生效,联合国正式成立。联合国的宗旨是:维持国际和平及安全;发展国家间友好关系;构成协调各国行动的中心；促进国际合作和社会发展。主要原则有：主权平等；和平解决国际争端；禁止非法使用武力或武力威胁；集体协助；不干涉内政等。战后初期，东西方两大集团激烈对峙，个别大国力图将联合国变为实现对外政策的工具，联合国的作用受到了很大限制。

随着广大第三世界国家的加入，联合国在维护世界和平、反对战争侵略方面，尤其在协调解决地区冲突、维护国际和平与安全、铲除殖民主义和取消种族隔离制度、促进世界各国经济与社会发展方面发挥了重要作用。随着多极化不断发展，联合国作为最大的国际组织，在国际事务中起着越来越大的作用，在许多非传统安全问题的解决方面发挥着重要作用。冷战结束后，联合国的功能发生了改变，并开始了急迫而深刻的改革。在全球化日益发展的今天，联合国对世界各国和人民的影响不断深化发展，起到了不可替代的作用。

**世界贸易组织(World Trade Organization，简称：WTO)**：在世界经济领域，有一个组织被称为"经济联合国"，在促进世界范围的贸易自由化和经济全球化方面起着重要作用，那就是世界贸易组织，简称世贸组织(WTO)。

世贸组织成立于1995年1月1日，是目前全球最大的多边贸易机构，其前身是关税和贸易总协定。拥有164个成员，总部设在日内瓦，成员贸易总额达到全球的98％。中国于2001年12月11日正式成为WTO成员。世贸组织的宗旨是：促进全球经济的贸易发展以提高人们的生活水平，保证充分就业，保障实际收入和有效需求的增长；根据可持续发展的目标合理利用世界资源，扩大货物和服务的生产；达成互惠互利协议，大幅度削减和取消关税及其他贸易壁垒，并消除国际贸易中的歧视性待遇。

此外，世贸组织还在农业、纺织品贸易、安全保障措施、反倾销与反补贴、投资、服务贸易、知识产权以及运作机制等方面都作出了有利于贸易发展的规定，这些协定和协议都将改善贸易自由化和全球经济一体化，使世界性的分工向广化与深化发展，为国际贸易的发展奠定稳定的基础，使对外贸易在各国经济发展中的作用更为重要。

**北大西洋公约组织(North Atlantic Treaty Organization,简称：NATO)**：北大西洋公约组织,简称"北约",是美国与西欧、北美主要发达国家为实现防卫协作而建立的一个国际军事集团组织。"北约"拥有大量核武器和常规部队,是西方的重要军事力量。这是二战后西方阵营军事上实现战略同盟的标志,是马歇尔计划在军事领域的延伸和发展,该组织使美国得以控制欧盟的防务体系,是美国在世界范围内确立领导地位的标志。

在冷战时期,"北约"客观上是美国从军事上控制西欧的工具,也成为美欧之间抗衡苏联的纽带。20世纪50年代中期,联邦德国进入"北约",建立起以美国为首、以西德为支柱的西方军事防务体制,在欧洲长期与以苏联为首的"华约"组织(全称为"华沙条约组织",是苏联主导建立的政治军事同盟)对抗。美国一直控制着北约领导权。苏联解体后,华约解散,冷战结束。但"北约"并没有消失,而是调整战略,将原有的"军事政治组织"性质调整为"政治军事组织"性质,通过北约东扩和推行"和平伙伴关系",不断向东欧地区扩展,压缩俄罗斯的战略空间。

图1-9　北约旗帜

20 世纪 90 年代直到今天，西欧各国正试图加强欧盟的军事力量，争夺独立防卫权和欧洲主导权。然而总体上看，冷战结束后，北约发起或参与了在波黑、科索沃、阿富汗、伊拉克和利比亚的数次重大军事行动。而在这些军事行动中可以看出，北约的军事力量严重依赖于美军，行动也绝对服从于美国的政治军事战略要求。所以在当今国际环境下，北约仍是美国推行其霸权主义全球战略的重要工具。

【沉淀思考】

1. 国际组织在国际体系中的作用是什么？

2. 全球治理过程中国际组织扮演怎样的角色？

【延伸阅读】

1. ［美］约翰·伊肯伯里：《大战胜利之后——制度、战略约束与战后秩序重建》，门洪华译，北京大学出版社，2008 年版。

2. ［英］亚当·罗伯茨：《全球治理——分裂世界中的联合国》，呈志成译，中央编译出版社，2010 年版。

## 第二讲　国际交往与融合

### 一、国际行为准则

对于一个普通人来说,我们每天要接触到衣、食、住、行,都需要和身边的人打交道。在这样的日常生活中,我们学会了很多人际交往的准则,有一些只是简单的礼貌,比如见到了熟人我们要微笑地打个招呼,在日常生活中不应该给别人带来不必要的困扰;有一些是在道德层面,比如我们要学会尊老爱幼,在公交车上需要给老弱病残孕让座;还有一些则是在法律层面,比如我们应该诚实守信、不偷不抢等。

但是,当有一天我们走出国门的时候,我们突然发现,有些行为方式并不像我们原来理解的那样了。比如,在中国,我们点头表达的意思为"是",表示肯定的意思,摇头的意思是"否";而在斯里兰卡等国家,点头则代表着"否",表示否定,摇头表达的意思才是"是"。

对于普通人来说,只有当你去其他的国家游玩、工作的时候才会产生这样短暂的困扰。但是,当两国相交,或者两个跨国企业进行合作或贸易的时候,他们究竟应该按照谁的标准来开展相应工作呢? 如果中国的商人说,你点头了,就说明你同意了,而斯里兰卡的商人说,我点头,代表我拒绝了。这样的话,必然会给双方的合作与交流造成巨大的困扰。

图 2 - 1　国际交往要有据可循

千百年来,在各国的政治、经济、文化等各方面的交流中,其实已经逐步形成了一套国际交往的惯例。在政治方面,例如我们曾经所说的"两国交兵、不斩来使",如今发展成为了给予他国来使的外交特权与豁免权;在经济方面,例如国际商会注册的 2010 年国际贸易术语解释通则,使得各个公司在国际贸易中关于何时交货、何时风险转移、买卖双方谁该办保险、谁该办运输等内容有了统一、便捷的标准;在文化方面,近些年随着各国之间各种文化交流项目和往来留学生项目的增加,不同文化间有了更直接的交流与融合,同时,伴随着互联网技术的发展,不同文化间的对话和碰撞突破了地域空间的限制,以上种种,使得没有任何一个民族的文化可以是一座完全隔绝的孤岛。

当然,众多的国际行为准则,都不是一夜之间突然建立起来的,而是千百年来,在各个国家政治文化交流、各个公司开展国际贸易的过程中逐步形成的。

【国际交往惯例】

在国际行为准则当中,国际交往惯例(国际惯例)占据了很大的比例。如果一些国家在相当长的一段时间内对同一种国际关系或行为反复采取同样的、前后一致的处理方法，国际惯例便产生了。

国际惯例的产生源于国际交流的发展。19世纪以来，随着资本主义生产方式的产生和发展，为了剥夺更多的资源和倾销产品，资产阶级游走于世界各地进行殖民、剥削活动，而客观上也促进了国际交流和全球化的发展，很多曾经大门紧闭的国家也被迫打开了自己的市场。

二战之后，联合国、世界贸易组织（WTO）等国际组织逐渐出现，各国之间的政治、文化以及经济交流更加密切。特别是随着20世纪末至21世纪初期计算机技术与互联网的发展，资本和技术贸易的数量激增，相比于有形商品贸易，基于资本循环和技术更新的属性和特征，在资本和技术贸易层面，则需要更多约定俗成的术语和概念，以方便贸易的达成。这些在无形商品贸易中所通用的国际惯例，和有形商品贸易中所通用的国际惯例，最后共同组成了国际贸易惯例的整体。

图2-2　世界贸易组织（WTO）标志

国际贸易惯例使得跨国公司在进行贸易的过程中，不需要再对一些琐碎的事情进行漫长的磋商，而可以采用国际统一的标准。比如，当中国的甲公司（卖方）将一批陶瓷制品卖给美国的乙公司（买方），在两国公司所签订的买卖合同中，按照国际商会统一的2010年国际贸易术语解释通则，使用了"DDP（Delivered Duty Paid）纽约"的术语，则我们可以判定交货地点为纽约港，货物风险至交货时转移，通常应当由卖方来办理进出口手续，并且办理运输和保险业务。这样的惯例、通例使得双方公司在无特殊需求情况下不必再对发货、交货、风险转移、进出口手续等很多繁琐的问题进行磋商,而可以直接按照国际通用的一个统一标准开展贸易活动。

国际贸易在数量上的巨大,使得国际贸易惯例在国际惯例中占据了最大的比例。但是,国际惯例不止只有国际贸易惯例。作为数量最多的国际贸易惯例,事实上只是不同国家平等主体之间交往惯例的一部分,除此之外还有国家间交往的惯例、国家间处理涉外纠纷的惯例等。

表 2 - 1 《2010 年国际贸易术语解释通则》11 个术语

| 名称 | 交货地点 | 风险转移 | 运输 | 保险 | 出口 | 进口 |
|---|---|---|---|---|---|---|
| EXW 工厂交货 | 卖方工厂 | 交货时 | 买方 | 买方 | 买方 | 买方 |
| FCA 货交承运人 | 交承运人 | 交货时 | 买方 | 买方 | 卖方 | 买方 |
| FAS 船边交货 | 装运港船边 | 交货时 | 买方 | 买方 | 卖方 | 买方 |
| FOB 船上交货 | 装运港船上 | 装运港装运上船 | 买方 | 买方 | 卖方 | 买方 |
| CFR 成本加运费 | 装运港船上 | 装运港装运上船 | 卖方 | 买方 | 卖方 | 买方 |
| CIF 成本加保险费加运费 | 装运港船上 | 装运港装运上船 | 卖方 | 卖方 | 卖方 | 买方 |
| CPT 运费付至 | 交承运人 | 交货时 | 卖方 | 买方 | 卖方 | 买方 |
| CIP 运费和保险费付至 | 交承运人 | 交货时 | 卖方 | 卖方 | 卖方 | 买方 |
| DAP 目的地交货 | 指定目的地 | 交货时 | 卖方 | 卖方 | 卖方 | 买方 |
| DAT 运输终端交货 | 指定目的地 | 交货时 | 卖方 | 卖方 | 卖方 | 买方 |
| DDP 完税交货 | 指定目的地 | 交货时 | 卖方 | 卖方 | 卖方 | 卖方 |

这些惯例产生于国际交流的发展,但在客观上又反过来促进国际交流的发展。如今我们已经从二战前后资本主义社会具有绝对话语权的社会形态中逐渐摆脱出来,发展中国家的话语权在逐渐增加,过去由资本主义国家中的发达国家单方面制定和确立国际惯例的方式也不再完全适用。当一个发达国家希望将片面的本国或符合本国利益的某种行为上升为国际惯例的时候,势必会遭受相关利益国甚至整个国际社会的谴责。特别是联合国、WTO 等国际组织的制约作用,在当今社会也尤为重要。不管是在政治领域还是在经济领域,已经没有任何一个国

家在国际社会有绝对的话语权,在各国尤其是大国的权力制衡过程中,即便是资本主义国家在国际发声时也必须披上所谓"人权"、"自由"等外衣。虽然本质上,各国政府所代表的最高利益仍然是本国国民利益或者政党利益,但在客观上,这样的行为促进了人类命运共同体的产生与发展。

另一方面,我们不得不承认,现阶段的全球化仍然是由资本主义所主导的全球化。特别是当今所通用的很多惯例,都是由资本主义国家间交往中所通用或以资本主义国家为主导所制定的。大部分惯例,发展中国家只有选择适用或者不适用的能力,却没有制定或调整的能力。很多这样的惯例和通例,给发展中国家的发展造成了巨大的阻碍,同时也给全球化带来了负面的影响。

## 【国际法的权威和约束】

二战结束已超过 70 年,国际法的理论与实践伴随着各国的发展也得到了空前的发展。2016 年,英国脱欧公投、特朗普当选美国总统、泰国普密蓬国王去世、韩国总统朴槿惠"亲信门"事件等,各类有国际化影响的事件不断涌现,引起了国际法领域人士的普遍关注。专业上所谓的国际法是指国际公法,即适用于主权国家之间以及其他具有国际法人格的实体之间的法律规则的总体。但在一些语境下可以认为,人们所谓的国际法包括国际公法、国际私法以及国际经济法三个领域。国际公法领域,需要研究各类条约、各种国际习惯、国际组织、国籍、外交、战争等问题;国际私法领域需要研究各类民商问题,例如国际婚姻、涉外债权、物权等;国际经济法需要研究国际贸易、国际知识产权、国际投资、国际税务及海商法等。各个领域既有重合,也有区分,十分复杂。

那么,国际法究竟是什么呢?大多数学者认为,国际法是一种权力的制衡,是各国协调意志的体现。它不同于一个国家的国内法。例如在中国,"刑法"是由全国人民代表大会及其常务委员会代表人民意志制定的,规定犯罪及其法律后果的法律规范的总和。类似这样的国内法是具有有效的强制力的。它明确了管辖、明确了权利和责任,有凌驾于一般机关之上的专门的立法机关,更有专门的执行机构。而国际法则不同,它在管辖的设置上具有一定的模糊性,没有高于各国主权之上的立法机关,更没有专门的执行机构。无论是制定还是实施,都具有一定的柔软性。例如《维也纳条约法公约》第 26 条规定:"凡有效之条约对其各当事国有拘束力,必须由各该国善意履行。"这一原则又被称作"条约必须信守原则"(Pactasunt Servanda)。其含义是,一个合法缔结的有效条约,在其有效期间,当事国有依约善意履行的义务。这个条文从正面看是在说各国必须要遵守所缔结的条约,而从反面来说,我们可以看出,该公约的此项原则的遵守,依赖于各缔结国"善意履行"。没有善意履行,条约的效力便难以实现。

图 2-3  位于荷兰海牙的联合国国际法院

那是不是说,国际法的制定与实施是没有权威的,国际法是没有约束力的呢?很明显这是不可能的。国际法的权威与约束力,来源于国际社会对国际法的信仰。这一点在 1969 年的《维也纳条约法公约》中也有所体现:"条约在缔结时与一般国际法强制规律抵触者无效……一般国际法强制规律指国家之国际社会全体接受并公认为不许损抑且仅有以后具有同等性质之一般国际法规律始得更改之规范。"对国际法的遵守是作为一个理性人、一个理性国家、一个理性的国际社会对短期利益和长远利益的客观评估后,所作出的理智和必然的选择。

在 1970 年,联合国大会全体一致通过了《关于各国依联合国宪章建立友好关系及合作之国际法原则之宣言》(简称《国际法原则宣言》),宣布了以下七项原则:禁止非法使用威胁或武力原则;和平解决国际争端原则;不干涉内政原则;国际合作原则;各民族享有平等权利与自决权原则;各国主权平等原则;履行宪章所承担义务原则。国际法的渊源主要来源于国际条约、国际习惯和一般的法律原则。同时,一些司法判例、权威学者的学说以及国际组织的决议也对确立国际法原则起到重要作用。作为国际法渊源的国际习惯,除了来源于国家间的各种文书和外交实践,也来源于国际组织和机构的各种文件,还有一些国家的国内立法、司法、行政实践和有关文件。前面我们所说的国际惯例,同时也包含了国际习惯的概念。

从经济的角度来说,国际法主要的目的是保护国家间的经济交往可以顺利进行,通过权力制衡协调出一个符合双方或多方经济利益的协定。无论是贸易条约还是商事仲裁,抑或是海商法、反倾销反补贴,主要都是为了协调各国在国际交流中的经济问题,尤其是贸易中所涉及的利益问题。

从政治角度来说,国际法不只规定和述明了国家的概念,同时还区别了各国的空间划分,例如什么是领土,什么是一个国家的内海、领海和专属经济区等。另一方面,例如联合国、WTO 等政府间组织的条款等对国际法的发展也作出了很大的贡献。有的人认为国际法和我们的生活是没有什么直接联系的,事实上这一个观点是错误的。例如当我们想要在四月份去日本观赏樱花,我们就必须按照日方的要求去办理签证,而签证就是一个国家的出入境管理机构(例如移民局或其驻外使领馆),对外国公民表示批准入境所签发的一种文件。办理签证这一行为就是根据国际公法原则来进行的:任何一个主权国家,有权自主决定是否允许外国人出入其国家,有权依照本国法律颁发签证、拒发签证或者对已经签发的签证宣布吊销。

图 2-4　中国公民赴日签证

如果说从全球一体化开始时,各国就在利益驱动下开始制定一些条例来保护自己国家的政治、文化、经济,那么国际环保法的形成可以说是在"每个国家牺牲掉一些自己的眼前利益"的基础上形成和发展的。例如《联合国气候变化框架公约》(《巴黎公约》)、《京都议定书》和《哥本哈根协议》等条约、协定所确立的防止气候变化的国际法,确立了国家对于防止气候变化"共同但有区别的责任原则",主要国家通过协定规定了发达国家强制减排、发展中国家自主减排,以牺牲眼前部分利益的方式在人类共同的长期目标上达成了共识。这些有关环保的国际法,将人们从过去的国家思维中解脱出来,寻求国际思维来处理人类共同的问题。也只有如此,才能够切实地保护我们所赖以生存的环境,以换得人类更加长远的存在。

图 2-5　《南极条约》组织徽章

二战结束以来,国际社会的发展一直为美国等"西方国家"所主导,它们构建了以"西方世界"为中心的国际关系体系,无论是国际惯例还是国际法,都仍然很大程度上被西方世界所左右,而我们若想在此之中有所突破,必须提高我们对国际社会的了解,提高我们对国际惯例、国际法等在国际社会通用逻辑的了解和掌握。

21世纪是经济全球化的世纪,相比于曾经的工业经济,如今的经济形态正在向知识经济转变。随着中国的国际交往日趋频繁和逐渐深入,也出现了一系列基于国际惯例和国际法所产生的摩擦与纠纷,面对上述现实情况,我国急需大量精通涉外规则和涉外法律、熟悉不同国家地区和民族的风土人情及文化传统、具有良好外语水平的复合型人才。我们只有树立远大的目标,以国家的需求为己任,坚持德、智、体、美全面发展,才能够在未来的国际舞台上,为国家的发展创造良好的国际环境而贡献力量。

**【沉淀思考】**

1. 国际法在国际体系中的角色和地位是什么?

2. 国际法的适用对象是谁?霸权国家是否适用?

**【延伸阅读】**

1. 张瑾:《一带一路投资保护的国际法研究》,社会科学文献出版社,2017年7月版。

2. 李秀春:《WTO规则——解读与运用》,东北财经大学出版社,2012年版。

## 二、大国政治交往

按照当今国际法的原则,世界上所有的国家一律平等。然而在现实中,由于每一个国家所处的地理环境不同,拥有的自然资源千差万别,经济、科技等方面的实力表现各异,从而造成在国际社会中有了国家实力强弱的比较。讨论国家实力的比较,我们需要引用"综合国力"这一专业术语。综合国力是指一个国家所拥有的全部实力和潜力以及其在国际社会中影响力的总和。它是一个国家基于自然环境、人口、资源、经济、科技、教育、政治、经济、军事、外交和国际影响所具有的综合实力的统称。综合国力发展的高低是衡量一个国家强弱的重要尺度,反映了一个国家在国际社会中的地位和作用。

在国际安全领域,一些国家拥有比其他大多数国家更加优越的地位,这样的国家传统上被称为"大国",它们的地位在联合国宪章中被间接地固定了下来。宪章规定:英国、中国、俄罗期、美国和法国为联合国安理会常任理事国,负有特殊的使命。对这些大国在第二次世界大战的胜利中所作贡献的评价,原则上被当作一个衡量的标准,同时,它们也被赋予了维持未来国际安全的特别责任。现在,让我们一起来认识一下这些世界大国。

图 2-6　联合国常任理事国国旗

**【世界主要大国】**

成为世界大国是许多国家的梦想与追求,以下国家的力量显然将达到大国的水平:诸如印度、日本、巴西和南非共和国,但是在可以预见的将来,就军事力量规模和外交意向而言,这些国家仍然属于"地区性大国",它们的影响基本上局限在具体的地理区域范围之内。现如今许多专家都把已经形成的国际政治力量的对比关系确定为"1+4"的方程式:美国(超级大国)+俄罗斯、英国、法国和中国(大国)。以下我们将简单介绍一下美国、中国与俄罗斯这三个国家。

美国：是当今世界上唯一的超级大国,其在经济、政治、文化、军事等诸多方面领先全球,让我们来具体了解一下这个国家。美利坚合众国,简称"美国",是一个联邦共和立宪制国家,总人口达 3.2 亿,是一个移民国家,也是美洲第二大的国家,领土包括美国本土、北美洲西北部的阿拉斯加和太平洋中部的夏威夷群岛。该国的陆地面积在全世界排名第三,仅次于俄罗斯与中国。美国大部分地区属于大陆性气候,南部属亚热带气候,国土地形变化多端,地势西高东低。美国自然资源丰富,矿产资源总探明储量居世界首位。煤、石油、天然气、铁矿石、钾盐、磷酸盐、硫磺等矿物储量均居世界前列。

图 2-7 美国国会大楼

美国的政治体制为宪政联邦共和制,同时采取三权分立的原则,将行政、立法、司法下放给总统、议会、联邦法院。美国国会为最高立法机构,由美国参议院和美国众议院联合组成。国会主要拥有立法权、财政权、行政命令批准权、行政监督权以及特定情形下的选举总统权。参议院中的参议员人数为 100,是通过直接选举产生的,每届任期 6 年。众议院中的众议员人数为 435,也是通过直接选举产生的,每届任期 2 年。美国总统是美国的国家元首、政府首脑与三军统帅,任期为每届 4 年,最多任 2 届。

美国是二战后国际体系建设的主导者,是联合国的常任理事国之一,在诸多国际问题上具有较大的国际话语权与影响力。与此同时,作为全球第一大经济体,美国经济依然是全球金融体系的基础,全世界绝大多数的金融交易都是用美元来进行的,这也给美国带来巨大的经济利益。美国在军事上的优势目前也是其他国家无法与之匹敌的。美国军队由美国陆军、美国海军、美国空军、美国海军陆战队以及美国海岸警卫队构成,其在陆地、海上、空中和太空的优势都相当明显。作为一个超级军事大国,美国军费支出也遥遥领先于其他国家:2012年美国军费达到7 110亿美元,是军费开支排名第2到第24的所有国家军费的总和。

美国之所以被称为超级大国,不仅仅在于它无可比拟的经济、军事等硬实力,还在于它无所不在的文化软实力。正如约瑟夫·奈所说:"不管我们做什么,美国的大众文化都具有全球影响。好莱坞、有线电视网和互联网的影响无所不在。"美国文化挟全球化之力大规模扩张,其标榜的价值观伴随英语、好莱坞影片、可口可乐、麦当劳迅速扩散到世界的各个角落。

**中国:**中国作为5个拥有否决权的联合国常任理事国之一,近年来在世界舞台上扮演着越来越重要的角色,正在实现从国际社会的融入者向国际社会的参与者与建设者的角色转变。自1978年实行改革开放以来,中国一直积极地走向世界,中国离不开世界,世界也离不开中国。2001年,中国加入世界贸易组织,成为中国全面重返世界舞台、融入全球化进程的标志性事件。"入世"后,中国切实履行义务,学习、遵守、运用世贸规则,快速发展为世界第一大货物贸易国。2010年,中国的经济总量超过日本,成为世界第二大经济体,中国经济的飞速发展也成为了世界经济发展的发动机。近年来,中国的发展红利不断外溢,为全球提供了更多的发展机遇。从倡议并推进"一带一路"到建立亚洲基础设施投资银行、金砖新开发银行,从举办APEC会议启动亚太自贸区进程到推动人民币正式"入篮"……中国以坚定的信心和雄厚的实力,不断为完善全球经济治理提出方案、贡献智慧、落实行动,在国际舞台上充分展现了一个负责任的大国形象。

**俄罗斯：**俄罗斯自 1991 年独立以来,在政治经济转轨中面临着许多困难：政治和社会持续动荡,经济发展和增长面临较大阻力,亲西方外交失败,改革陷于困境等。但是,虽然面临种种问题和困难,俄罗斯仍然雄心未泯,始终没有放弃复兴大国地位的目标。

俄罗斯独立之后,随着国内外形势的发展变化,其对外战略也不断调整。最初其推行亲西方"一边倒"的对外政策,最大限度向西方国家靠近,努力加入西方发达国家行列,并希望依靠西方国家的大量援助摆脱困难。然而,在现实中,西方国家并没有履行承诺,亲西方的外交政策很难执行,俄罗斯的幻想随即破灭,之后其开始奉行既重视西方又重视东方的"双头鹰"外交,直至最后又转变为全方位外交。纵观俄罗斯外交政策调整的整个过程,不难发现,这种调整是根据不断发展变化的国际国内形势作出的,从走势来看,其基本目标就是恢复世界大国地位,尤其是在全方位外交战略确立之后,俄罗斯在外交上开始独树一帜,明确自己是世界大国,要得到应有的大国地位,俄罗斯的全方位外交政策的推行,客观上对美国维持其"一超独霸"的国际战略格局形成了重要牵制。当下,俄罗斯的军事实力依然强劲,世界排名第二,仅次于美国,在国际舞台上也具有一定的话语权。

在国际关系发展与演变的历史中,充满了大国关系的风云变幻,大国关系是处于动态与变化之中的,大国关系也是错综复杂的,在此,我们将以中国为视角,通过观察历史上中国与其他大国的关系来洞悉大国关系的风云变幻。

## 【中美关系的曲折发展】

在当代的国际社会中,美国的影响力几乎无处不在,在国际体系的建设与国际机制的运行中发挥着主导作用。与此同时,中国作为世界上第二大经济体,国际影响力与日俱增,作为负责任的大国在国际社会中发挥着越来越重要的作用。中国和美国之间关系的发展对于国际体系的影响至关重要,两国关系的稳定发展有助于国际体系的和平与稳定,而两国关系的恶化则必然会加剧国际社会的不稳定。因此,中美两国的关系是国际舞台上极为重要的双边关系。然而,即使重要至此,中美关系的发展也不是一帆风顺的,是随着双方国内形势和对国际局势的判断而不断变化的。

20世纪90年代以来,中美关系从"人权"对抗到知识产权纠纷,从地区安全到核不扩散,从西藏问题到台湾问题,从轰炸中国大使馆到撞机事件,两国摩擦不断,关系时好时坏。

中美在"人权"问题、贸易问题、武器扩散等许多方面都存在摩擦和争端,但双方也进行了有效的对话与合作。自1993年开始,中美两国首脑进行了多次会晤。特别是1997年江泽民主席访美和1998年克林顿总统访华,双方提出"共同致力于建立中美建设性战略伙伴关系",推动了中美关系的向前发展。但是中美关系的改善进程总是被一些不和谐的音符打乱,1999年5月美国轰炸中国驻南联盟大使馆,对中美关系造成了极大伤害。

时间进入到21世纪后,中美关系的发展有两个重大的时代背景:一是基于进入21世纪的总结与展望,人们对20世纪的很多问题进行了反思,二是美国总统换届,小布什上台执政。在克林顿执政后期,中美已经明确双方"面向21世纪的建设性战略伙伴关系",在此基础上,双方关系在很多方面取得了改善和重要进展,比如美国支持中国申奥、支持中国举办2001年的APEC峰会等。小布什在竞选时从各个方面批评克林顿,其中也包括他的对华政策,因此,在小布什上台之初,中美关系出现了一些问题,其在对华政策上采取强硬态度,将中国视为"战略竞争对手",但是进入到二三月份以后中美关系出现了不少的转机,特别是到3月底时,时任副总理的钱其琛访问了美国,美方也表示在几个重要的问题上——如"入世"谈判、奥运会等问题——支持中国,双方利益协调出现了很好的改善。2001年4月1日突发中美撞机事件,虽然中美双方都认为是一个意外的事件,但是最后对中美关系产生了很大的影响,中美关系再次出现了倒退。"9·11"事件后,中美关系"柳暗花明",双方在打击恐怖主义上进行了卓有成效的合作,为双方增加了共同点。现如今,随着中国国际影响力的与日俱增,中美关系也变得越来越微妙,由于中美关系中的矛盾与问题犹存,两国关系也必将在曲折中继续向前。

**【中俄关系的稳步发展】**

中俄关系是在中苏关系的基础上酝酿的,是在苏联解体、俄罗斯国家和社会制度发生根本改变后形成的。俄罗斯的改制以及独立后奉行的亲西方外交政策,曾给中国政府提出了一连串新的问题。中国始终反对干涉别国内政,尊重俄罗斯人民自己的选择。但是,两个原本具有相同社会制度和意识形态的邻国变为不同时,双方在复杂的局面下也存在着某些意识形态因素的微小的不睦和摩擦。在俄罗斯独立之后的一段时间内,尽管中俄也曾有过一些高层往来,比如1992年初,时任总理李鹏和俄罗斯当时的总统叶利钦在出席安理会首脑会议期间进行短暂会晤,俄罗斯外长科济列夫访华等,但这与俄罗斯同西方的频繁高层接触形成了巨大的反差。

当西方的慷慨许诺迟迟不能兑现,叶利钦从俄美蜜月中清醒过来时,开始考虑调整亲西方外交政策,给予中俄关系一定的关注。1992年12月,叶利钦访问中国,同中国领导人进行了会谈,双方签署了《中俄联合声明》及24个有关两国在各个领域合作的政府间及部门间的协定或文件。中俄两国首次高级会晤开辟了双方睦邻友好合作关系的新阶段,实现了两国关系从中苏关系到中俄关系的平稳过渡,为两国关系的进一步发展奠定了基础。其后,两国实现了高层会晤的机制化,这对于两国关系的稳定发展发挥了积极作用。

从中美关系与中俄关系发展的历史与现实中,我们不难发现,"在对外关系中,一些利益冲突是无法消除的,在大国之间更是如此"。这句话再延伸,就是在对外关系当中,利益平衡是至关重要的,大国之间更是如此。必要的利益交换是大国关系当中非常重要的内容,这也影响着大国关系的发展。

【沉淀思考】

【沉淀思考】

1. 衡量一个国家是否为世界大国的标准是什么?

2. 中国作为负责任的大国形象是如何体现的?

3. 为什么大国关系总是处在风云变幻之中?

【延伸阅读】

1. 黄日涵:《国际关系实用手册》,天津人民出版社,2013 年版。

2. 李少军:《国际政治学概论》,上海人民出版社,2014 年版。

## 三、国际经贸交往

自古以来,国际经贸交往就是国家与国家之间进行合作的重要途径。1995 年,世界贸易组织(WTO)的诞生,标志着世界经济合作和多边贸易的新纪元到来。现代国际经济与贸易是基于信息化、多元化的大系统,通过现代国际经济与贸易体系和模式的建立,有利于加强社会和企业的竞争意识和全球化观念。

【"你中有我,我中有你"的经贸合作】

第二次世界大战后,整个世界百废待兴,各国在经历两次世界大战后,也愈发珍惜来之不易的和平。二战期间,由于本土没有遭受打击,美国经济实力保留了良好的发展基础,并随着二战后世界各国生产秩序的恢复而迅速膨胀。同时,美国也力图凭借其经济优势建立一个以其为中心的新经济秩序,于是其积极倡导和组织了对战后资本主义世界经济复苏有着深远影响的会议—— 布雷顿森林会议。会议主要讨论了三个方面的问题:国际货币基金问题、国际复兴开发银行问题和国际金融合作问题。经过三周讨论,会议通过《联合国家货币金融会议最后议定书》、《国际货币基金组织协定》和《国际复兴开发银行协定》,布雷顿森林会议通过的各项协定和后来作为补充协定通过的《关税总协定》统称为"布雷顿森林体系"。

《国际货币基金组织协定》的目的是建立以美元为支柱的国际货币制度,规定将美元与黄金挂钩,再将其他货币与美元挂钩并实行固定汇率的"双挂钩"制度,这是一种以美元和黄金为基础的金汇兑本位制。1945 年 12 月 27 日,国际货币基金组织和国际复兴开发银行正式成立,总部都设在华盛顿并为美国所控制。

"布雷顿森林体系"的形成有助于国际金融市场的稳定,并且对战后的经济复苏起到了一定的作用。首先,布雷顿森林体系的形成暂时结束了战前货币金融领域里的混乱局面,维持了战后世界货币体系的正常运转。其次,在布雷顿森林体系下,各国偏重内部平衡,危机和失业情形较之战前有所缓和。体系的形成也在相对稳定的情况下扩大了世界贸易,美国通过赠与、信贷、购买外国商品和劳务等形式,向世界散发了大量美元,客观上起到扩大世界购买力的作用。固定汇率制在很大程度上消除了由于汇率波动而引起的动荡,在一定程度上稳定了主要国家的货币汇率,有利于国际贸易的发展。但是布雷顿森林体系的缺陷也导致了其日后的崩溃,由于资本主义发展的不平衡性,主要资本主义国家经济实力对比一再发生变化,以美元为中心的国际货币制度本身固有的矛盾和缺陷也日益暴露。

20 世纪 70 年代初,在日本、西欧崛起的同时,美国经济实力相对削弱,无力承担稳定美元汇率的责任,贸易保护主义抬头,相继两次宣布美元贬值。各国纷纷放弃本国货币与美元的固定汇率,采取浮动汇率制,从而以美元为中心的国际货币体系瓦解,美元地位下降,甚至欧洲各国的许多人一度拒收美元。在伦敦,一位来自纽约的旅客说:"这里的银行、旅馆、商店都一样,他们看到我们手里的美元时流露出的神情,好像这些美元成了病菌携带物一般。"在巴黎,出租车上挂着"不再接受美元"的牌子,甚至乞丐也在自己帽子上写着"不要美元"。虽然美元失掉了霸主地位,但迄今为止仍然是最重要的国际货币。

1947 年,以美国为首的 23 个国家还签订了一份协定,名为"关税及贸易总协定",这便是现如今的世界贸易组织,也就是我们熟知的 WTO 的前身。由于关税与贸易总协定不是一个正式的国际组织,这使它在体制上和规则上有着多方面的局限性。比如其存在很多的"灰色区域",即缔约国为绕开总协定的某些规定,所采取的在总协定法律规则和规定的边缘或之外的歧视性贸易政策措施。这种"灰色区域"的存在,损害了关贸总协定的权威性。还有一些解决争端的机制也不健全,以调节为主,缺乏强制性,导致了诸多争议久拖不能解决。

正是由于关税与贸易总协定的上述种种局限性,1994年4月15日,在摩洛哥的马拉喀什市举行的关贸总协定乌拉圭回合部长会议上,决定成立更具全球性的世界贸易组织,以取代不健全的关贸总协定。该组织负责管理世界经济和贸易秩序,总部设在瑞士日内瓦莱蒙湖畔。其基本原则是通过实施市场开放、非歧视和公平贸易等原则,来实现世界贸易自由化的目标。与关贸总协定不同的是,世贸组织解决争端有以下几个程序:先是磋商,如不能自行解决,WTO将成立专家小组,进行审查,听取双方陈述,调查分析事实并提出调查结果。之后通过专家组报告,专家小组的终期报告公布后,争端各方均有上诉的机会。上诉由争端解决机构设立的常设上诉机构受理。上诉机构可以维持、修正、撤销专家小组的裁决结论,并向争端解决机构提交审议报告。然后由争端解决机构裁决,争端解决机构应在上诉机构的报告向世贸组织成员散发后的30天内通过该报告,一经采纳,则争端各方必须无条件接受。最后经WTO执行和监督,争端解决机构负责监督裁决和建议的执行情况。如果违背义务的一方未能履行建议并拒绝提供补偿,受侵害的一方可以要求争端解决机构授权采取报复措施,中止协议项下的减让或其他义务。这大大完善了之前存在的漏洞。

世界贸易组织的成立,大大加速了经济全球化的脚步,使国家与国家之间的贸易往来更加密切与频繁,拉动了世界经济的前进。我国也于2001年12月11日正式加入世贸组织,从此我国的产业对外开放进入了一个全新的阶段,同时,中国加入世贸组织,也为促进世界贸易的进一步发展带来了积极因素。

进入21世纪以来,中国在融入既有国际贸易格局和秩序的同时,也为国际贸易和世界经济的发展不断贡献力量,积极发出"中国声音",提出"中国方案",这其中最有代表性的无疑是由我国主导的"一带一路"倡议。

2013 年 9 月和 10 月,习近平主席在出访中亚和东南亚国家期间,先后提出共建"丝绸之路经济带"和"21 世纪海上丝绸之路"的重大倡议,得到国际社会高度关注。2015 年 3 月,国家发改委、外交部、商务部联合发布了《推动共建丝绸之路经济带和 21 世纪海上丝绸之路的愿景与行动》,"一带一路"倡议进入有规划的推动实施阶段。"一带一路"倡议旨在借用古代丝绸之路的历史符号,高举和平发展的旗帜,积极发展与沿线国家的经济合作伙伴关系,携同相关国家共同打造政治互信、经济融合、文化包容的利益共同体、命运共同体和责任共同体,这是近年来世界上最大型的一个国际经贸交往项目。倡议提出以来,"一带一路"沿线相关的 49 个国家均从中受益,直接促进了区域经济的发展,也为世界经济的发展贡献了力量。

综合上述情况,我们可以看到,二战之后,随着国际经贸活动的日趋频繁、国际贸易秩序和规则的不断修正与完善,各国之间经贸往来频次和深度日益提升,世界各国之间已经形成了"你中有我,我中有你"的经贸格局。一方面,这种格局推动了资本和贸易的全球流动,促进了各国经济的发展,另一方面,彼此相融的格局也为世界经济的发展带来了负面影响,一国或一地的问题,可能会迅速引起全球经济发展的连锁反应,最直接的体现就是战后发生的多次经济危机:20 世纪 70 年代的石油危机、80 年代的拉美债券危机、90 年代的亚洲金融风暴危机以及美国次贷危机和欧洲债务危机等。这些危机产生的原因,也和国际经济的发展密不可分。正因为当今世界经济贸易已经是"你中有我,我中有你"的合作关系,所以一旦危机爆发,必然会牵扯众多国家和地区。


【贸易保护主义与经贸摩擦】

贸易保护主义,是指在对外贸易中实行限制进口以保护本国商品在国内市场免受外国商品竞争,并向本国商品提供各种优惠以增强其国际竞争力的主张和政策。在限制进口方面,主要是采取关税壁垒和非关税壁垒两种措施。前者主要是通过征收高额进口关税阻止外国商品的大量进口;后者则包括采取进口许可证制、进口配额制等一系列非关税措施来限制外国商品自由进口。而纵观国际贸易的发展史,会发现贸易保护主义和经贸摩擦总是相伴相生的。因此,可以得出的结论是,经贸摩擦的根源就是贸易保护主义。

图 2-8  贸易保护主义漫画

最初的贸易保护主义理论源于 15 世纪的重商主义,其基本理论观点为:鼓励输出,限制输入,发展经济,实现国家的财富积累。这一理论普遍被当时西欧各国政府所采纳。随着国际贸易的进一步发展,贸易理论的丰富和完善,贸易实务的不断变化,对于保护贸易的理论也在不断演变;从汉密尔顿的幼稚工业保护理论到凯恩斯主义的贸易保护理论,在当时的时代背景下都很好地解释了贸易保护的必要性以及经贸摩擦的不可避免性。然而,时过境迁,在当代国际贸易错综复杂的环境下,上述理论很难再有效地揭示经贸摩擦发生的理论依据,于是新的战略性贸易政策理论便浮出水面。

战略性贸易政策理论兴起于 20 世纪 80 年代,是伴随着市场结构的变化而产生的,它是新贸易理论的自然结果。该理论以规模经济和不完全竞争为前提,动摇了完全竞争市场条件下自由贸易政策的最优性,认为贸易政策不再是纠正市场失败的一种次优选择。一国政府可以通过某种干预手段改变或维持不完全竞争企业的某种战略行为，使国际贸易朝着有利于本国获得最大限度利益的方向改进。

战略性贸易政策理论的主要代表人物之一是保罗·克鲁格曼。他认为，实施战略性贸易政策具有两方面的意义：一是可以增强一国谈判的实力。为使别国放弃干预或支持该国企业的政策，实施所谓的"公平贸易"，必须使本国也采取战略性贸易政策，以便在势均力敌的基础上展开相互开放市场的谈判，否则谈判难有积极的结果。二是可以采取"以邻为壑"的政策。在不完全竞争的市场结构下，一国消费者损失的经济利益就是另一国企业的垄断利润所得，这种垄断利润分配上"零和"的存在是各国实行战略性贸易政策的基础。在当今世界，如果开展势均力敌谈判的基本条件还不成熟，"以邻为壑"的贸易政策还是有必要的。

战略性贸易政策理论包括两个分支，一个是"利润转移理论"，主张政府通过关税、配额等进口保护政策或出口补贴、出口征税等出口政策来加强本国厂商的竞争地位，扩大本国厂商的市场份额，从而将利润最大限度地由外国转向本国；另一个是"外部经济理论"，该理论由外部经济概念发展而来，强调外部经济在国际专业化分工中的重要性，主张政府对能够产生巨大外部经济的产业给予适当的支持。无论是"利润转移理论"还是"外部经济理论"，均认为在充满不完全竞争和贸易壁垒的世界里，单个国家有理由从本国利益出发，实行偏离自由贸易的政策，并使贸易政策发挥促进本国产品竞争力提高和经济增长的战略性作用，强调在适当条件下政府对贸易干预的合理性。

另外，经济学家斯宾塞和布兰德认为，某些工业，特别是高科技工业，处于不完全竞争情况，市场经济失灵，需要政府干预。不完全竞争前提下的国际贸易理论明确提出国家干预贸易的必要性，它修正了古典与新古典的自由竞争贸易理论，修正了古典与新古典贸易理论反对国家干预贸易的主张。

对于经贸摩擦，我们也应从以下三个方面加以把握。首先，适当的"接触"是摩擦产生必不可少的前提,产生经贸摩擦的前提是国际交往的存在。其次,摩擦是相向运动的结果,因此,贸易摩擦取决于国际贸易交往中不同行为主体之间的相向行为。最后,作为相向行为的结果,贸易摩擦会导致非正和的博弈结果(可能是零和,也可能是负和),即不会存在使双方都受益的贸易摩擦。因此,作为国际摩擦的一个子集,国际贸易摩擦是国际经贸交往中的一种相向行为或由此行为产生的一种结果。

**【沉淀思考】**

1. 贸易保护主义是否有益于国家经济的发展?

2. 全球化时代,经贸关系是否已经成为国家间不可避免的共同利益关系?

**【延伸阅读】**

1. 李巍:《制度变迁与美国国际经济政策》,上海人民出版社,2010 年版。

2. 都培炎:《世界政治经济与国际关系》,华东师范大学出版社,2011 年版。

# 四、国际文化交流

全球化与人类社会有关的另一个激起无数争辩的领域,毫无疑问是关于文化的。一方面,许多批评者强烈谴责全球化以及其内含的现代化、西化等因素,将民族文化多样性磨灭殆尽,人类将步入"后民族时代",文化习俗、生活方式等将越来越同质化、调和化。另一方面,反对声音认为全球化包容了,甚至更好地发展了民族文化,或者在某种层面上激发了人们对各自群体的更强烈的认同和归属感。同样还有另外一种声音认为,全球化增强了民族之间的联系,促进了不同文化的融合,甚至发展产生了新的社会群体和文化认同。

显然,"文化"是比我们本书开篇所讲的"全球化"还要含混不清的一个词汇。如果翻开任何一部辞典,"文化"一词给出定义的宽泛性会远超我们的想象。为了更好地区分理解,我们可以将全球化中的经济,限定为生产、分配、交换、消费在全世界范围内的流动;将全球化中的政治,限定为权力及利益分配在国际社会层面的实践;将全球化中的文化,限定为特殊意义的象征性构建、表达和传播。

**【民族文化遭遇挑战】**

在 20 世纪中期大规模发展的全球化出现之前,世界政治中占据主导地位的社会群体结构是民族。而现代国际关系当中主要的政治行为体当属民族国家。可以说在相当长的历史范围之内,文化仅限于在民族群体内部、民族国家内部具有价值。其他类型的集体认同,比如妇女、劳工、宗教等,通常也都从属于民族结构之中。

那么构成一个民族到底需要哪些因素呢?民族社会群体的基本特征可以划分为以下四点:首先,一个民族需要有数目相当大的人口构成,需要保证个人在群体之中仅能与一小部分人具有面对面的接触,这样才能确保群体内部的循环;其次,民族需要对特定的地域范围或者环境保持忠诚,扎根在特定的国家之中;再次,民族需要同时也具有独特的文化特征来界定自己,这些独特特征可能包括语

图 2-9 印第安人

言、习俗、宗教、艺术形式等;最后,各个民族之间是相互构成的关系,因民族之间产生了比较和冲突,才会形成对民族自身身份的认同。

全球化时代下的民族群体以及民族文化,遭受到了极大的挑战。一方面,超地域性的社会流动强化了非地域性团结和世界性团结,推动社会群体结构的日益多元化。今天看来,民族利益的吸引力已经远不如20世纪上半叶,民族地位受到了很大冲击。另一方面,全球化削弱了民族社会群体形成发展的几个关键动力,比如在历史上,有领土边界限制的商业和工业,以民族资本主义之名得以繁荣,地域的限制推动了民族群体的生长与发展,而全球化中超主权行为体的诞生、超地域化的人员流动以及国家间相互依存的日益紧密,都使得民族群体的凝聚动力遭到削弱。在生活方式、日常事务当中,人们往往能够根据民族文化的鲜明特点对民族加以区分。然而全球化时代中,所有的语言、习俗、民族特色都在不断与其他民族的特征标志相渗透、相融合,明确区分民族的差异变得越来越难。

不过,我们也不应感到沮丧,虽然全球化进程一直处于发展的状态之中,但是民族社会群体依然具有深刻的发展条件。首先,民族国家这一概念并未退出历史舞台,国家依然是人类社会最主要的行为体。其次,民族内部的文化中依然有许许多多固有的、尚在发挥作用的因素,比如民族语言、民族节日等,这些要素在很长一段时间之内都不会消失。再次,即使当前国际社会中依然出现势力庞大的非地域认同群体,民族群体认同依然是绝大部分人的首要选择。我们也应该看到,全球化其实在某些方面,也在促进民族的团结与发展。先进的通信技术以及传播媒体,也可以用来为民族服务。人们在与"外国人"亲密接触时反而会对自身的民族特性形成更强的意识。

总而言之,全球化与民族群体之间存在矛盾。一方面,全球化时代的某些关系与特征与民族性不相容;另一方面,全球化却也在不同范畴内加强了民族性的原则。

**【所谓全球文化】**

全球化时代之下,民族文化正在遭受前所未有的挑战与威胁。与此同时,一种同质化的"全球文化"开始在世界范围内不断开疆拓土。悲观的学者们直言,我们并非走向一个反映世界现存文化多样性的大同世界,相反,我们正在被以好莱坞、纽约、米兰为中心的西方"文化产业"所支撑的同质化的大众文化吞噬。英美价值观和消费品的传播正在让世界更加"美国化",而非"全球化"。西方的规范和生活方式正在颠覆那些更为弱小的文化。虽然有些国家,比如伊朗,在竭力抵制这种"文化帝国主义"的入侵,但是美国大众文化却在多数国家中势不可挡。这种资本主义工业社会下"强者更强、弱者更弱"的逻辑,慢慢被更多民众和国家拒绝。势头强劲的美国流行文化传播本身,也是一种对其他国家的霸权主义和强权政治。诚然,这种文化有其可取之处,但更多的是对其他国家既有文化的改造,甚至破坏。

其实比这种文化入侵更为可怕的是其传播路径和形式。媒体大亨们不断在生产和指挥着全球化时代的文化流动。他们慢慢控制了全球的新闻、娱乐、电影电视市场,潜移默化地塑造着全世界民众的身份和欲望。跨国媒体帝国所传播的"美式"价值观念不仅保证了流行文化无可争议的文化霸权地位,而且还在进一步影响着人们头脑中的意识形态观念。

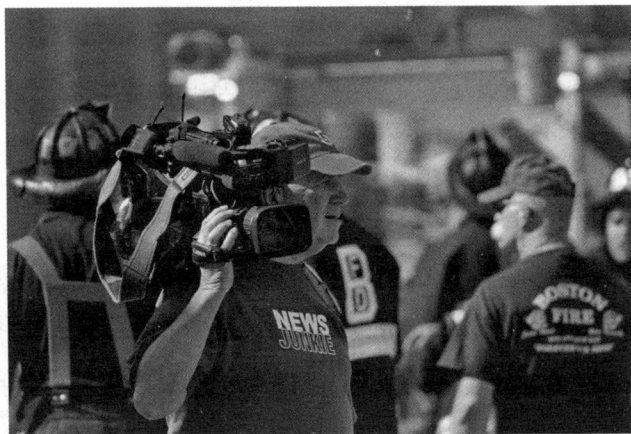

图 2-10　新闻媒体是"全球文化"形成的助推器

全球化时代背景下的另一场文化"屠杀",莫过于语言的全球化。虽然人口在不断地流动和迁移,但是民族语言的数量在全球化浪潮之中开始变得越来越少。虽然汉语、西班牙语、法语等语言也可以作为联合国办公语言,但英语依然牢牢控制着全球语言体系的绝大部分资源。与此同时,世界无书面形式的口头语言数量,也从 1500 年的 1.45 万种左右减少到 2000 年的不足 7 000 种。一些语言学家预测,到 21 世纪末,可能有 50%—90% 的现存语言将会消失。语言也并非世界上唯一面临灭绝危险的事物。消费主义价值观和物质主义生活方式的不断蔓延,也已经危及到了我们这个星球的整体生态健康。

全球的文化流动,本就是如经济和政治一般,是一个不均衡且充满矛盾的过程,无论何种方向的文化趋势都有可能在特定形势下发生。不过,我们也应该认识到,在当今世界中,根本不会存在拥有最自然本真状态的社会,几乎所有的民族性的文化因素都将被卷入全球化之中,重新分配到可能更适合自己的资源和位置。而这也正是全球化独有的魅力。


**【国际文化交流】**

2014 年,在博鳌亚洲论坛年会开幕大会上,李克强总理以"共同开创亚洲发展新未来"为题发表演讲,全面阐述了中国的亚洲合作政策,并特别强调要推进"一带一路"的建设。这里的"一带一路"指的是"丝绸之路经济带"和"21 世纪海上丝绸之路",其建设是基于我国秦汉时期所开发的古代丝绸之路。古代丝绸之路分为陆上丝绸之路和海上丝绸之路,陆上丝绸之路起源于汉武帝派张骞出使西域,形成其基本干道。它以西汉首都长安为起点,东汉时以都城洛阳为起点,经河西走廊到达西域。这条路线最初的作用是运输中国古代出产的丝绸,因此,被人们称作丝绸之路。而海上丝绸之路,是古代中国与外国交通贸易和文化交往的海上通道,该路主要以南海为中心,所以又称南海丝绸之路。海上丝绸之路形成于秦汉时期,发展于三国至隋朝时期,繁荣于唐宋时期,转变于明清时期,是已知的最为古老的海上航线。

可以看出,从古代开始,我国就和外国有了贸易和文化的交流。但是那时的交流并没有如今"朝辞白帝彩云间,千里江陵一日还"的效率,每一次"出国",可能都是"劝君更尽一杯酒,西出阳关无故人"的悲壮。那时候落后的交通方式使得贸易和文化交流都受到了不小的限制。

基于高速发展的科学技术和高效的交通工具,现今的文化交流与贸易往来越来越频繁。虽然人们的交流行为仍然难以摆脱地理环境的限制,但是随着海陆空交通的发展,现在的人们可以乘坐高铁在几小时内从北京抵达广州,也可以一日之间从亚洲飞到美洲。不断发展的科学技术和高效的交通工具,使得各国之间的文化、经济交流日益频繁,过去的人们需要坐几个月船才能够远渡东洋开启留学生活,而现在只需要几个小时的时间就能从中国飞至日本,从时间上来说甚至可以一天之内在中日之间往返数次。

图 2-11 民航发展促进了国际间的交流与融合

在这种前提下,与其说全球化是一种全球联系不断增强的趋势,不如说全球化是一种基于科技水平发展和交通工具的高效化对世界地理空间的压缩。在此之上,各种文化脱离了曾经相互独立的状态,开始相互学习、相互借鉴,甚至一些文化有了相互融合的趋势。在这种趋势下,各个国家的人们开始有了一些共同意识,在地球的大环境下,我们任何人、任何国家没有办法独善其身。只有彼此尊重,遵循一些人类的共同原则,才能够让我们和我们的后代在这个世界上继续幸福地生活,在此之中,人类命运共同体孕育而生。

【孔子学院】

孔子学院(Confucius Institute)是中外合作建立的非营利性教育机构,开展汉语教学和中外教育、文化等方面的交流与合作。所提供的服务包括:开展汉语教学;培训汉语教师,提供汉语教学资源;开展汉语考试和汉语教师资格认证;提供中国教育、文化等信息咨询;开展中外语言文化交流活动。各地孔子学院充分利用自身优势,开展丰富多彩的教学和文化活动,逐步形成了各具特色的办学模式,成为各国学习汉语言文化、了解当代中国的重要场所,受到当地社会各界的热烈欢迎。

图 2-12　中国孔子学院标志

如今,越来越多的人认识到,汉语是一种未来语言,它不光蕴含着中国几千年的历史传统和优质文化,更伴随着日益崛起的中国不断发展。在这样一个新时代,中国不只"独善其身",更"以天下为己任",在"一带一路"的框架下,沿线各国的经济水平都将有所提高,而汉语在未来的国际交往中也必将更加重要。在欧洲,匈牙利是第一个确认加入"一带一路"倡议的国家,而现在在匈牙利学校所开设的外语中,中文已经是最受欢迎的语种之一。目前,除了开设了多所孔子学院外,匈牙利的不少中学以及一流大学中都开设了汉语这一课程。汉语走红的背后,是"一带一路"倡议的推动和匈牙利"向东开放"的呼应。为了未来更好、更全面的发展,会有越来越多的人选择学习和锻炼自己的中文能力,并了解中国的文化。而孔子学院作为外国人学习汉语和了解中国文化的一个场所,将会有更加重要的地位。

根据有关数据[①],截至 2020 年 12 月 2 日,全球共有 162 个国家(地区)设立了541 所孔子学院和 1 170 个孔子课堂,涵盖了亚洲、欧洲、美洲、大洋洲、非洲等所有有人类居住的陆地区域。除了开展汉语教学外,各地的孔子学院组织开展各类丰富多彩的语言文化交流活动,内容涉及中医、武术、艺术、旅游和职业技能培训等特色项目。

相比于曾经一种文化或者某几种文化在世界上占据主要统领地位的时代,当今的时代可以说是一个各种文化百花齐放的时代,没有一种文化是具有绝对优势的。在之前的封建社会时期,封建王朝的统治者们总是以一种居高临下的姿态来看待外来文化,从而导致明清时期的闭关锁国,乃至最终造成中国社会发展的逐步落后。在全球化发展势不可挡的今天,文化交流和交融是其发展的结果,同时也是全球化的推动力之一。现今的孔子学院,以一种平等合作的方式,秉承孔子"和为贵""和而不同"的理念,增进世界各国(地区)人民对中国语言文化的了解,加强中国与世界各国教育文化交流合作,发展中国与外国的友好关系,促进世界多元文化发展,构建和谐世界。


**【互办文化年】**

随着综合国力的不断提升,作为传统大国的中国在国际上有了更加重要的地

---

① 数据来源:http://www.hanban.org/confuciousinstitutes/node_10961.htm.

位,越来越多的国家认识到,中国的发展是必然的趋势,而与中国开展文化交流,不仅可以了解中国在几千年的发展历史中所积累的优秀中华文明和文化传统,更可以学习中国在发展中积累的经验,从而为本国提供可借鉴的方案和方法。而对于中国来说,和其他国家或地区友好相处、相互借鉴是改革开放和和平崛起的必然要求。在文化层面,除了互相合作,签订一些有益于两国交流的互派留学项目外,互办"文化年"也是很重要的一个手段。我国赴其他国家开展"文化年"活动,可以使外国国民在不出国门的情况下了解到中国的文化和发展,直接接触和感受来自中国的文化元素,加深对中国的认识和了解,从而为两国之间建立友好、信任的关系打下基础。而其他国家在中国举办的文化年,同样可以让中国国民在不出国门的情况下了解到有趣的异国风情和特色文化。因此,可以说,"文化年"活动是文化交流和交融的一种具体实践。

**中俄文化年**:2005 年 7 月,时任国家主席胡锦涛访俄期间与俄罗斯时任总统普京共同宣布,根据《〈中俄睦邻友好合作条约〉实施纲要》,中俄两国于 2006 年在中国举办"俄罗斯年",2007 年在俄罗斯举办"中国年"。2005 年 12 月 31 日,胡锦涛主席和普京总统互致新年贺电,在新年贺电中宣布 2006 年 1 月 1 日正式启动"俄罗斯年"活动。

图 2-13 "俄罗斯年"徽标

2006 年,双方在华举办了 200 多项"俄罗斯年"活动,内容主要包括 8 个国家级大型活动项目和近 200 项其他项目。8 个国家级大项目主要是两国元首互致贺电,宣布启动"俄罗斯年";中方媒体采访普京总统等政要人物;普京总统访华期间在人民大会堂举行"俄罗斯年"开幕式;普京总统访华期间举行中俄经济工商界高峰论坛;举办俄罗斯国家展、中俄投资促进周、"俄罗斯文化节"开幕式、中俄建交57周年庆祝活动;中俄立法机构(全国人民代表大会与俄联邦委员会)领导人圆桌会议;俄西伯利亚、西北和远东联邦区在中国举行推介活动;"俄罗斯年"闭幕式。

**中法文化年**:1999年和2000年,时任国家主席江泽民和法国时任总统希拉克在互访的时候共同确定举办中法文化年。2001年4月,时任副总理李岚清访问法国期间与法国时任外交部长韦德里纳签署了关于中法互设文化中心和互办文化年的《会谈纪要》。双方商定,中国在2003年10月起在法国举办文化年,法国于2004年秋季起在中国举办文化年。中法两国互办的文化年内容十分丰富,大大小小的项目达到三百多个,在法国举办的中国文化年,包括了"三星堆"文物展、康熙时期艺术展、中央民族乐团音乐会、21世纪中国高等教育展等。而在中国举办的法国文化年,包括了让-雅尔北京音乐会、法兰西巡逻兵飞行表演、法国时尚100年、巴黎交响乐团巡演等一系列活动。"中国文化年"在法举办引起了整个欧洲的轰动,有媒体称这一活动"体现了不断升温的中法关系"。事实上,中法文化年的意义早已远远超出文化活动本身,它向世界宣布了中法重要的战略关系,另一方面,更是向整个欧洲展示了一个有文化、有底蕴的现代中国。

## 【留学潮】

1872年8月11日,经清朝政府批准,在陈兰彬、容闳率领下,中国第一批留学生梁郭彦、詹天佑等30人从上海启程赴美留学。这可以说是中国近代以来第一批留学生。而根据《中国教育报》的信息,2016年我国留学人员总数达到54.45万人,短短一百多年间,中国公派留学的人数从过去的几十人,发展至每年几十万人的规模。另一方面,伴随着中国越来越开放,经济社会等各方面的快速发展,中国也成为许多外国留学生的目的地,同样是 2016 年,来华留学生人数达到 44 万人。中国已经成为世界上最大的留学生输出国和亚洲最大的留学生目的地国。"一带一路"倡议提出并实施以来,我国专门提出了面向"一带一路"沿线国家的《推进共建"一带一路"教育行动》,主动对接沿线国家需求,仅 2016 年一年就派出非通用语种的 1 036 人出国学习培训,填补了 9 个国内空白语种,同时,接收沿线国家 17 万人来华学习,此外,在沿线国家还有约 46 万人通过孔子学院、孔子课堂学习汉语。可以预见,在这一计划的支持下,无论是赴外留学还是我国接收国外留学生来华的数量,必将出现较大程度的增长。

这样的留学热潮所带来的益处显而易见,一方面可以将中华民族几千年积累的优秀文化带出国门,为世界文明的发展作出贡献,另外一方面,可以将其他国家的新知识,尤其是欧美等发达地区的先进文化、先进技术带回国内,为我国的发展贡献力量。同时,留学生的往来促进了国际文化、技术的交流,客观上更是使得全球化进程进一步加快。各国之间留学生的交流,使得各国、各族、各文化之间,多了一份理解和包容,任何一种文化都不再是一座孤岛,各种文化、观念在摩擦之中逐渐和谐,这客观上促进了人类共同意识以及命运共同体的产生。


**【国际旅游热】**

随着中国经济的腾飞,国民手中可支配的财富也在不断增加。除了满足于日常的衣食住行,人们开始追求更高层次的精神需求。这一方面促进了教育产业的发展,同时也促进了旅游相关产业的发展。按照 WTTC(世界旅游业理事会)的预测,2011—2020 年中国旅游业所带动产业经济产值实际增长率(剔除通胀因素以外)将达到 9%,领先于日本、韩国等国家,在全球 181 个国家中排名第一。根据国家统计局数据,2015 年,我国国内旅游人数近 40 亿人次,国内旅游收入达到 4 万亿元,全国旅游总收入占 GDP 的比重已经达到 5.91%。如今,各大型主题公园,都认识到了中国旅游市场和中国游客的重要性,开始逐渐开发中国市场。另外,除了中国国内旅游市场的不断扩大,中国人出境游的规模也在不断扩大。

在 2016 年,中国入境旅游人数达到了 1.38 亿人次;而出境游人数则达到了 1.22 亿人次。从排名上来看,我国是世界第一大出境旅游客源国,第四大入境旅游接待国。从入境游的角度来看,虽然我国 2016 年入境游达 1.38 亿人次,但是优秀的旅游品牌和旅游目的地却不多,在 2015 年公布的全球最佳目的地榜单中,中国大陆没有一地进前 25 强,相比于很多国家成熟的旅游产业,中国的旅游产业还存在很大潜力需要挖掘释放,同时,对旅游产业管理的制度化、规范性也需要进一步加强。

图 2-14　意大利地中海沿线风光

从出境游的角度来看,1.22 亿人的出境游规模,基本相当于日本的总人口数。这样一个庞大的数字的产生,互联网的作用功不可没。这些年,逐渐发展起来的互联网旅游企业,充分利用互联网和信息技术的快速发展,使得出境游无论是办签证、买机票、订酒店还是策划旅游路线,都变得便利、快捷,科技的发展再一次在推动打破地域限制、促进不同区域人们的交流方面发挥了显著作用。

从人数上来说,虽然我国出境游人次只占旅游总人次数的 3% 左右,但是出境游消费却占到旅游总花费的 16%。据有关数据显示,2016 年我国出境旅游花费约 7 600 亿元人民币,其中花费最多的三大出境目的地国家依次是泰国、日本和韩国。这些国家,由于地理位置和中国邻近,具有天然的地理优势,使得它们成为了中国人出境游最大的赢家。

目前,很多国家都已意识到中国游客强大的消费能力,开始为中国游客设立一些便捷的设施,以提高自身的吸引力。例如,在日本、法国等国家的机场,可以很方便地使用中国银联的借记卡和信用卡,或者是中国使用群体比较庞大的支付软件。再例如,在日本、韩国等国家旅游的时候,可以看到诸多场所,比如酒店、机场等地方除了用本土语言和英语所写的指示牌以外,现在也增加了中文的指示。如今中国人的国际旅行,不单单局限于单纯的游玩,事实上,旅游所带动的相关产业的发展,更甚于旅游产业的发展,例如,赴日购物旅行所带动的日本药妆、电子产业的发展,赴韩医疗旅行所带动的韩国整容美容行业的发展。

图 2-15　日本旅游胜地——银座

旅游业作为绿色的第三产业,对于每个发达国家甚至发展中国家而言都是十分重要的。旅游业的发展,可以刺激一个地区的产业升级,同时也可以促进一个地区改善人文环境。从我们自身来说,出国旅游期间的行为举止,所代表的不仅仅是个人,而是一个国家的形象,每个身在国外的国人的言行,都应当体现具有几千年文化底蕴的中国人的风范。在国外旅行时,不乱涂乱画,不随地吐痰,不大声喧哗等,都是我们力所能及的一些小事,却能影响外国友人对我国的印象。另一方面,国内旅游产业更是代表着一个国家的风貌,倘若旅游业不进行有效的整顿提高,乱象横生,只能使得入境旅游人数越来越少,国家形象日渐毁坏。

事实上,在国际交流中,文化交流的地位并不亚于政治交流、经济交流。无论是像孔子学院这样的机构对于中国文化和语言的传扬,还是类似于留学、互办文化年、国际旅游这样相互之间文化的交流,对于一个国家的国民来说,都是对另一个国家更为直面的了解。我们经常会说 A 国家和 B 国家政治紧张,但坊间交流依然频繁,这样的两个国家,我们都明白它们在经济和文化上相互联系十分紧密,难以绝断,甚至有时候民间文化的积极交流,可以起到缓解政治局势紧张的作用。另外一方面,人们在国际交流的同时,逐渐意识到要抛开宗教、政见的不同,来寻找文化和价值观的共同点,同时理解彼此文化之间的差异。为了消除国际交往中的语言障碍,柴门霍夫还发明了世界语(Esperanto)。目前,虽然各国因为政治经济利益诉求、文化传统各异而在很多问题上存在争议,但在类似应当坚持可持续发展、共同治理全球问题等观念上已经逐渐达成了共识,这种观念上的共识,也客观上促成了更多政府间组织、非政府间组织的成立,使得各国人的命运逐渐联系到一起。

"穷则独善其身,达则兼济天下",孟子的这句名言如今用在各国交往上,也依然适用。


【沉淀思考】

1. 所谓全球文化的形成,是世界各民族文化的融合,还是西方文化的流行普及?

2. 大众媒体在全球文化的形成中扮演何种角色?

3. 公共外交在国际关系中扮演着怎样的角色?


**【延伸阅读】**

1. [美]塞缪尔·亨廷顿:《文明的冲突》,周琪译,新华出版社,2013年版。

2. [美]贾雷德·戴蒙德:《枪炮、病菌与钢铁》,谢延光译,上海译文出版社,2016年版。

3. 赵启正:《公共外交与跨文化交流》,中国人民大学出版社,2011年版。

# 第三讲　当前全球治理的共同挑战

## 一、全球变暖

### 【全球变暖知多少】

全球变暖也是指全球气候变暖,顾名思义,是指我们人类赖以生存的地球的气温在不断升高。20 世纪 80 年代以来,联合国政府间气候问题研究小组发布的报告中就显示,从 1860 年开始,全球地面的平均气温上升了 0.4—0.8℃。近年来,温室气体的浓度还在持续增加。2017 年,联合国秘书长古特雷斯指出,气候变化是不可否认的。气象记录表明,过去的十年也是最热的十年。导致这种自然现象出现的原因有很多,其中人类在焚烧石油、煤炭时向大气中过度排放二氧化碳等温室气体是全球逐渐变暖的重要原因。与此同时,全球人口在不断增加,排放出的二氧化碳也在不断增加,而全球森林面积却大量锐减,环境污染日趋严重,这些都加快了全球变暖的步伐。全球变暖是全球性的复杂问题,已经成为了我们人类必须要面对的共同的挑战,是需要国际社会中的各国通力合作、不断改善的问题。

**【全球变暖下的我们——当北冰洋不再有冰】**

可以说,全球持续变暖对人类的威胁是非常大的,全球日益变暖后所带来的诸多影响对人类的危害程度甚至远大于军事战争。有人甚至预言,不久的将来,北冰洋在夏天将不再有冰。20世纪初,美国设立冰川国家公园时,公园内有一百多个冰川,而如今只剩下二十多个。可见,全球气候变暖带来的最直接的后果就是全球的冰雪大面积融化,其结果是导致海平面的上升,这种现象对于地势较低的沿海与海岛国家意味着国土被逐渐淹没,从而直接威胁相关地区人类的生存,与此同时,各种异常的灾害性气候也会随之而来,诸如厄尔尼诺现象、热浪等。

图3-1　当地球冰川融化成水

当然,全球变暖所引发的次生灾害也是不容忽视的。由于全球变暖带来的生态系统的失衡,使得人类面临着粮食安全、水资源安全等诸多问题,当一地区自然环境不适合生存时,这一地区的人们将会迁移到适合生存的地区,而大规模的难民移动会带来很多政治问题,甚至引发冲突与战争。

**【应对全球变暖——国际社会在行动】**

全球变暖威胁着我们人类共同的家园,这在很大程度上推动着国际社会携起手来加强国际合作,气候问题也就成为了国际政治问题。在这一问题上,联合国发挥了积极的作用。1992 年 6 月 4 日,联合国环境与发展大会通过了《联合国气候变化框架公约》,这是世界上第一个控制温室气体排放的国际公约,奠定了国际社会共同应对气候变化的基础。在二氧化碳减排问题上,公约对发达国家与发展中国家的责任与义务进行区别对待,要求发达国家率先采取减排措施并对发展中国家进行资金支持。公约在 1994 年 3 月 21 日正式生效,拥有接近 200 个缔约方。

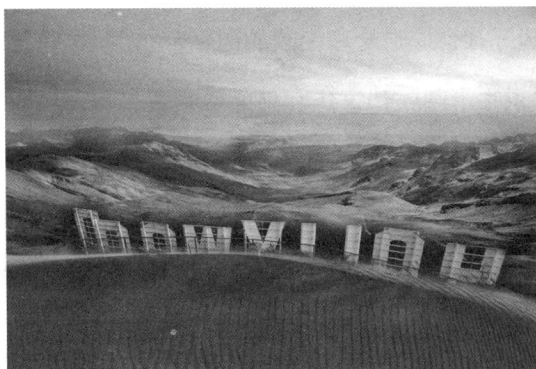

图 3-2　如果气候极端变暖,好莱坞将化为沙漠

1995 年,第一次缔约方大会在德国柏林举行,之后缔约方每年都召开气候大会。截至 2016 年 11 月,共召开了 22 次缔约方大会。1997 年第三次缔约方会议通过了《京都议定书》,目标是将温室气体的含量控制在一定水平,防止气候变化给人类带来的伤害。在落实这一协定的过程当中,中国、欧盟等多个国家和组织都付出了很多努力,然而美国、加拿大由于自身国家对协议内容的不满而相继退出该协议。2009 年的哥本哈根会议成果寥寥,最终达成了没有法律约束力的《哥本哈根协议》。

通过吸取哥本哈根会议的教训,2015 年的巴黎气候大会采取自上而下的谈判方式,也肯定了"共同但有区别的责任",从而,巴黎气候大会成为了一个重要转折点。2015 年底,巴黎气候大会上各国政府通过了《巴黎协定》,协定为 2020 年以后各国应对全球气候变化作出了安排,承诺将全球气温升高幅度控制在 2℃ 的范围之内。截至 2017 年 5 月,已有代表着全球 82% 温室气体排放量的 147 个国家批准了《巴黎协定》,可以说这次协定的批准具有里程碑式的意义,是全球治理的标志性成果。2017 年 6 月 1 日,美国总统特朗普在白宫召开记者会时表示,美国将退出《巴黎协定》,作为温室气体排放大国和在世界影响力上排名第一的大国,美国的这一做法势必会在很大程度上削弱国际社会应对全球变暖的努力。然而,各国已经普遍认识到,为了保护我们共同的生存环境,应对这一问题不应因美国政府的政策而停滞,国际社会应对全球变暖的国际合作也不应该停止。

通过回顾二十多年来国际社会在应对全球变暖问题上所作出的努力,我们不难发现,各国凭借气候大会达成全球性共识是十分艰难的,应对气候变化的国际谈判过程也是十分曲折的,不过,在应对这一问题上,各国间也取得了诸多的成果。人类共同生活在一个相互依存的地球上,对于我们来说,最大的安全威胁莫过于地球的毁灭。因此,任何人、任何国家都应采取负责任的行动,国际社会必须携起手来,共同应对全球变暖问题。当今世界能源的 80% 仍来源于石油、天然气和煤炭,这些燃料是造成温室气体排放的主要来源,因此,加快能源转型,降低二氧化碳排放量,坚定落实各国间达成的相关协议和约定,从而实现绿色的可持续的经济发展,是应对全球气候变化的必须之选。


【沉淀思考】

1. 当前全球变暖所带来的问题主要有哪些?

2. 在应对全球变暖问题上,国际社会已作出的努力有哪些?

3. 国际社会在应对全球变暖问题上面临的主要困难是什么?


【延伸阅读】

1.〔英〕罗斯切尔德:《全球变暖生存手册:77 个阻止全球变暖的方法》,上海交通大学出版社,2009 年版。

2. 张海滨:《环境与国际关系:全球环境问题的理性思考》,上海人民出版社,2008 年版。

## 二、国际恐怖主义

说到恐怖主义,大家的第一反应一般是"谈恐色变",脑海中会浮现出血肉横飞、枪林弹雨、极端分子的画面。在当今的国际社会,恐怖主义的蔓延更是有随着全球化浪潮愈演愈烈的趋势。

### 【国际恐怖主义知多少】

说到国际恐怖主义这个词,最扎眼的莫过于"恐怖"二字。恐怖主义,顾名思义,是暴力的实施者基于政治目的,对非武装人员,也就是常说的平民有组织地使用暴力或以暴力相威胁的行为,其目的是以特殊以及极端的手段把想要威胁的对象置于"恐怖"之中,逼迫其做原本不会做的事。

国际恐怖主义具有一般恐怖主义的性质,但其借助网络化、全球化等趋势,发展出了许多前所未有的特点。概括来说,具有非国家主体性、跨国性、普遍危害性等。具体表现为:以宗教极端势力为背景的恐怖主义呈现上升的趋势;使用大规模杀伤性武器的超级恐怖主义成为当代社会面临的现实威胁;恐怖主义组织日益形成一个全球性的网络。

### 【国际恐怖主义组织现状】

**基地组织:** 历数近年来的恐怖主义袭击事件,影响最大的非 2001 年发生在美国的"9·11"事件莫属。美国东部时间 2001 年 9 月 11 日早晨 8:40,四架美国国内民航航班几乎被同时劫持,其中两架撞击位于纽约曼哈顿的世界贸易中心,一架袭击了美国首都华盛顿的美国国防部五角大楼。此次袭击事件造成世界贸易中心两幢摩天大楼坍塌,五角大楼局部破坏,约三千人罹难。

图 3 - 3　震惊世界的"9·11"事件

　　"9·11"事件对美国及全球产生了巨大影响。这一事件是继二战期间珍珠港事件后,历史上第二次对美国本土造成重大伤亡的袭击,是人类历史上迄今为止最严重的恐怖袭击事件。美国政府对此次事件的谴责和立场得到大多数国家的同情和支持,全球各地均有悼念活动。该事件直接导致了此后国际范围内多国合作进行反恐怖行动,以及美国小布什政府发动对阿富汗、伊拉克等国的战争。而在"9·11"事件后,"基地组织"也因此坐稳了国际恐怖组织的"第一把交椅"。

　　1988 年,本·拉登在阿富汗建立了"基地组织"。成立之初,其目的是为了训练和指挥阿富汗义勇军,抵御入侵阿富汗的苏联军队。但是从苏军撤退后的 1991年前后开始,该组织将目标转为打倒美国和伊斯兰世界的"腐败政权"。针对美国本土及海外设施实施各种打击,其主要任务也转变为在世界范围内实施恐怖主义活动。"基地组织"有三层核心:第一层核心是"基地老人",这个核心是由拉登本人以及那些自 20 世纪 80 年代以来一直跟随拉登鞍前马后的人员组成,数量大概在十人左右。在发展过程中,也有一些有经验的人被吸纳入这层核心,比如曾在菲律宾和其他地方屡屡制造炸弹爆炸事件的哈立德·谢赫·穆罕默德。第二层核心是数十个分散在世界各地的"基地组织"分支的领袖人物。这些组织分支往往原本就是当地的极端组织,它们通过各种关系与拉登搭上线,并且得到拉登的完全赏识、信任和训练之后,才能进入"基地"圈子。第三层核心是拉登最铁杆的秘密信徒。这些人并不从事恐怖行动,而是分散在世界各地,有着正当的职业和道德操守,但他们却秘密为拉登搜集情报和筹集资金。

**"伊斯兰国"：** 在"基地组织"被美国主导的反恐战争基本消灭以后,目前人们一谈起"国际恐怖主义"这个话题,使用频率最高的一个词,必定是"伊斯兰国"。"伊斯兰国"英文缩写为"ISIS",也有阿拉伯国家和部分西方国家称为"达伊沙"(DAESH),全称是"伊拉克和大叙利亚伊斯兰国",简称"伊斯兰国",它或许是当今全球最为可怕的一个国际恐怖组织。"伊斯兰国"自称建国,并长期活跃在伊拉克和叙利亚境内。2003年以前以"基地组织"伊拉克分支的名义开展活动,2014年以来,"伊斯兰国"异军突起,国际恐怖主义进入新的演变阶段,其在中东、南亚、非洲以及中亚、东南亚等地全面扩张蔓延,隶属于伊斯兰国的个体恐怖袭击者"独狼"在欧美本土的恐怖袭击活动也愈演愈烈,恐怖主义活动的新版图渐趋成型。面对国际恐怖主义的肆虐,美国虽再次牵头组建国际反恐新联盟,但其松散乏力,反恐成效不彰。同时,因恐怖主义滋生蔓延的根源问题仍得不到根除,在短期内,"伊斯兰国"这个当今世界上最让人胆寒的国际恐怖组织仍然将肆虐国际社会。

"伊斯兰国"经过多个阶段的快速演变,呈现出准政权组织的新特征。在多种因素作用下,"伊斯兰国"可能已经达到其发展顶峰,而在短时期内难以被完全消灭。"伊斯兰国"的出现是近年来国际恐怖组织和中东国际局势变化的直接产物,其发展演变的速度超人意料。2013年12月以后,"基地组织"在国际反恐联盟的严厉打击之下,逐渐从一个集中领导、等级分明的恐怖组织变成一个松散的、去中心化的国际恐怖主义网络。其中"伊斯兰国"从基地组织中脱颖而出,利用叙利亚和伊拉克的无政府状态迅速崛起,并改变升级了恐怖活动方式,由主攻以美国为首的西方发达国家,转向中东脆弱的政治生态系统;由零星的恐怖主义袭击,转向有组织的军事叛乱和夺取政权。

## 【国际反恐的困境】

国际社会的反恐斗争要想突破目前的困局,必须重视解决现有矛盾与问题。国际反恐必须以国际社会的共同利益为前提和基础,充分发挥联合国安理会的主导作用。现今的国际恐怖主义往往同复杂的国际关系、各类矛盾和冲突密切相关,反恐力量应当在打击恐怖主义的同时,推动解决地区争端,推动发达国家与发展中国家的平衡发展,这样才可治标又治本。

## 【沉淀思考】

1. 国际恐怖主义产生的根源是什么?

2. 国际恐怖主义可以被根除吗?

## 【延伸阅读】

1. 中国现代国际关系研究院美欧研究中心:《反恐背景下的美国全球战略》,时事出版社,2004 年版。

2. 周展:《文明冲突、恐怖主义与宗教关系》,东方出版社,2009 年版。

# 三、欧洲难民危机

## 【难民、危机与欧洲】

在考察欧洲难民危机之前,我们首先需要理解难民、危机以及欧洲难民危机的来龙去脉。

严格意义上的难民,是根据联合国 1951 年 7 月 28 日在日内瓦签订的《关于难民地位的公约》以及联合国在 1967 年 1 月 31 日在纽约修订的关于难民身份的《难民议定书》所共同订立的。这两份文件把难民定义为:"基于一种可以证明成立的理由,由于种族、宗教、国籍、身为某一特定社会团体的成员、或具有某种政治见解的原因而畏惧遭受迫害并留身在其本国之外,并由于这样的畏惧而不能或不愿意受该国保护的人,或者一个无国籍的人,并由于上述事情留在他以前经常居住国以外而现在不能、或由于上述畏惧而不愿意返回该国的人。"①难民问题古已有之,战争、贫穷、瘟疫、专制独裁等原因都会造成难民群体的出现,难民在压迫之下不得不出走他乡。

而欧洲难民危机的群体,毫无疑问以来自中东地区的战争难民为主体。二战结束后,中东地区便一直处于冲突与动荡的漩涡之中。尤其在冷战结束后,两伊战争、海湾战争等,使本已饱受宗教、民族矛盾困扰的中东蒙上地区争霸的阴影。21世纪初期,美国在该地区相继发动阿富汗战争以及伊拉克战争,中东地区再次陷入战争泥沼。中东地区以其得天独厚的战略位置、石油资源,成为大国霸权的必争之地。2010年,突尼斯摆摊商贩穆罕默德·布瓦吉吉因抗议当地警察的粗暴执法,引火自焚。这一把火不仅点燃了突尼斯年轻一代的愤怒,更蔓延到埃及、利比亚、叙利亚等中东国家,引发各国大规模的骚乱。

这一场所谓的"阿拉伯之春"引爆了中东年轻一代对"基本民主权利"的渴望,同时也将这些国家拉入深渊。"阿拉伯之春"之后,大部分涉及国家并未走向繁荣富强的未来,反而长期经济停滞、暴力冲突不断、基本人权无法得到保障。由此引发的叙利亚内战至今仍战火纷飞,甚至成为大国博弈的棋子。根据欧盟统计局2015年发布的数据②,首次申请欧盟庇护的难民,以来自长年饱受战乱的叙利亚、阿富汗、伊拉克为数最多,而叙利亚难民更是多于阿富汗与伊拉克难民数量之和。

除去中东地区的难民,欧洲同时还面临着企图鱼目混珠的非法移民以及恐怖主义分子。欧盟统计局数据显示③,2008年欧盟收到二十多万份难民庇护申请,而2011年叙利亚内战爆发后,难民庇护申请突破30万份,到2014年则猛增至62.6

① 参考:《关于难民地位的公约》,中国人大网,http://www.npc.gov.cn/wxzl/wxzl/2000-12/26/content_1325.htm;《关于难民地位的议定书》,中国人大网,http://www.npc.gov.cn/wxzl/wxzl/2000-12/16/content_1326.htm。
② 数据来源:Eurostat, http://ec.europa.eu/eurostat/news/themes-in-the-spotlight/asylum2015。
③ 数据来源:Eurostat, Newsrelease, 53/2015-20 March 2015。

万份。而 2015 年全年,更有超过 120 万人向欧盟提出首次难民庇护申请。这次难民浪潮的数量史无前例,超过欧洲历史上曾面临过的任何一次难民危机。如此众多的难民涉及申请审批、边境管控、安置管理、就业、社会管理等问题,给欧洲国家带来难以想象的困难与压力。同时由于难民普遍选择从欧盟边界国家涌入欧洲,意大利、西班牙、希腊等国家由于本身经济实力偏弱,选择"开闸泄洪"的方式,将滞留难民引导至德国、法国等西欧国家,造成欧盟内部主权国家之间的矛盾激化,给欧盟的稳定带来冲击。不断爆发的恐怖袭击事件、社会治安案件,以及难民宗教信仰、生活方式与原住民的冲突、难民管理困难等问题,不断积累、演化,造成了这一场欧洲有史以来最严重的难民危机事件。

图 3 - 4　拥有灿烂文明的叙利亚,饱受战争创伤

【治理与未来】

虽然这一场难民危机,被冠之以"欧洲"的称号,同时危机的恶果也是在欧洲集中爆发、形成效应。但这场欧洲难民危机的实质,是一个国际性问题,是需要多方携手面对的全球治理问题。

这场危机,首先是欧盟各国以及欧洲地区的治理问题,是欧盟内部难民庇护机制以及决策协调机制失效的实证,是欧洲各国责任意识不均以及社会治理弊病缠身的集中反映。面对规模庞大、成分复杂的难民群体，欧盟如何改进自身难民、移民体制，协调各国意愿、能力与责任，稳定地区安全形势，这一漫长过程将严重考验着欧洲一体化的稳定性。加之近些年来的欧债危机、英国脱欧等问题，欧洲的团结、欧盟的权威，将成为欧洲地区挥之不去的阴影。

更重要的是，我们应该放眼全局，欧洲难民危机的形成与演化绝不仅仅是欧洲这一地区的责任与问题。虽然其症状在于欧洲一地，欧洲各国所受的经济、政治及社会的损失最大，但其实是中东、北非地区多年来战乱冲突导致的恶果，是全球化时代不可避免的一次悲剧。只要恐怖主义依然在中东、北非地区肆虐、叙利亚内战未能结束，难民问题就不会彻底终结。此次难民潮的源头主要是中东、北非等饱受战乱和极端势力袭扰的地区，这些地区的政治危机通过各种途径最终以难民的形式影响到欧洲。因此治理难民危机，不应该单单关注欧洲地区的治理，同时也应该与这些地区加强合作，积极稳定这些地区的安全形势，再通过人道主义援助等手段，从源头上最大程度缓解难民危机。欧盟也应不断加强与联合国难民署、开发计划署、国际移民组织、世界粮食计划署以及红十字国际委员会的合作，不断追加资金帮助这些国际组织在全球层面缓解难民危机。

欧洲、中东，包括美国等在中东拥有深刻利益的国家和集团，都应该携手应对这场危机，真正为消除战乱与动荡而努力。这场典型的全球化时代的恶性危机，更需人道的、合作的全球治理方能平息。


【沉淀思考】

1. 2015 年以来爆发的欧洲难民危机，在其不断恶化过程中，欧盟以及欧洲各国的责任和问题是什么？

2. 此次欧洲难民危机，追根溯源是什么原因导致的？危机爆发的责任主体是谁？欧洲是"替罪羊"吗？

【延伸阅读】

1. 甘开鹏：《欧洲难民政策研究(1957—2007)》，厦门大学出版社，2011 年版。

2. 赵俊杰：《欧洲难民危机专题研究报告》，中国社会科学出版社，2016 年版。

## 四、黑客与网络安全

随着 20 世纪 60 年代人类逐步进入信息时代，互联网的发展便成为了最重要的课题之一。根据上海交通大学社会调查中心发布的《2015 年中国大学生媒体使用习惯调查报告》显示[①]，超九成中国大学生每日使用互联网时长超过 2 小时，其中每日接触互联网超过 8 小时以上的大学生占12.2％，而仅有 1.1％的大学生每日从不接触互联网。

人类社会发展很重要的一个标志是支配和使用工具的程度，石器时代的人们可以使用石头、木头等工具进行生产生活，他们的活动范围只能局限于双脚可以到达的地方；后来，人们进入了工业时代，随着科学技术发展所带动的生产力的提高，人们发明了汽车、飞机等工具，逐渐将自己的活动范围扩大至海陆空各领域；而随着 20 世纪末互联网的普及，人们不光进一步扩大了海陆空的活动领域，更是开拓了"虚拟空间"这一独特的活动领域。过去，我们在研究地缘政治的时候，主要是考虑"领土相邻""周边国家"等一系列实体空间中的地理概念，而在信息时代，我们不得不意识到过去单纯考虑地理的地缘政治理论已经不够完整，网络这一块"虚拟土地"无论是对于一个国家的经济发展还是政治安全来说都显得尤为重要。

伴随着互联网的发展，网络所引发的问题也是层出不穷。不管是法律法规的制定，还是监管的实施等，至今仍然都不够完善。不少不法分子，便利用这些漏

---

[①]《2015 年中国大学生媒体使用习惯调查报告发布》，人民网，2015 年 7 月 20 日，http://media.people.com.cn/n/2015/0720/c397572-27329888.html。

图 3-5 网络安全备受瞩目

洞,进行违法犯罪活动。有的利用网上银行和网络支付进行金融诈骗;有的利用互联网言论监管的困难,在网络上发布暴力、反动的言论;还有的,利用基于互联网所建立起来的大数据,大量窃取其他用户的资料甚至进行敲诈勒索。我们不难看出,互联网的安全问题不容忽视! 这些问题随着网络的发展和网络功能的不断完善,越显突出。它们不只影响着每个使用互联网的普通人的日常生活,更是可以影响到一个国家的稳定和安全。例如,由于在互联网上发酵引起的 2011 年 3 月日本核泄漏后的抢盐潮,就是因为网络上谣传吃碘盐可以防辐射,造谣日本核泄漏事件污染了海盐,导致了很严重的群众性恐慌,大批的老百姓争先恐后地购买食盐,使得政府最后不得不出来辟谣,花费了很大的成本来稳定社会秩序。

在大数据时代,数据和信息的集中程度越来越高,大量涉及个人隐私的信息甚至都集中在了一个地方。例如在中国常见的支付软件,它不光涵盖了我们的姓名、性别、身份证号码等身份信息,集中了我们的信用卡、存款、理财等金融信息,甚至记录了我们的购物历史、常用住址、兴趣爱好等信息。基于大数据的计算,一些购物软件还根据我们的浏览和购物记录,选择性地向我们推荐"猜你喜欢"的产品。基于计算机对数据纯理性的计算,有些互联网公司可能比我们的父母还了解我们。然而这也就引发了一个问题,这些信息的安全该如何保障? 如果不法分子掌握到了我们这些极其隐秘的信息,较轻的可能造成我们的财产受到损失,严重的甚至可能威胁到我们的人身安全。而如果一个政府部门或者整个国家的数据信息被不法分子所掌控或利用，那可能对国家的稳定和安全都会造成不可估量的影响。

事实上，这样的担心并不是空穴来风，例如近年来逐渐严重化的黑客问题，就足以让人们对网络安全产生莫大的担忧。

黑客一开始指的是热心于计算机技术、水平高超的电脑专家，尤其是程序设计人员。他们具有很好的理论水平，由于黑客的一举一动都会被服务器记录下来，所以黑客必须伪装自己使得对方无法辨别其真实身份，这需要有熟练的技巧，用来伪装自己的 IP 地址、使用跳板逃避跟踪、清理记录扰乱对方线索、巧妙躲开防火墙等。黑客行为的目的本是寻找漏洞、维护网络安全，他们应当是维护互联网安全的战士。但是，由于近些年越来越多的不法黑客利用较高的技术水平，肆意侵入他人电脑，或者修改他人程序，或者窃取他人资料，很大一部分黑客行为又具有政治意义，造成非常恶劣的影响，使得老百姓、媒体、政府都对黑客恨之入骨。这里我们所讲的黑客行为，也主要指的是这些以勒索财物、达到政治诉求等为目的攻破个人、企业、国家部门计算机的不法行为。

例如 2017 年 5 月 12 日，全球性爆发基于 Windows 网络共享协议进行攻击传播的蠕虫恶意代码。这次攻击主要起因于黑客通过改造之前泄露的 NSA 黑客武器库中的"永恒之蓝"攻击程序发起的网络攻击事件。通过开放的 445 文件共享端口的 Windows 电脑，黑客即可在电脑和服务器中植入勒索软件、远程控制木马、虚拟货币挖矿机等恶意程序。5 月 13 日—5 月 14 日，事件持续发酵，WannaCry 勒索蠕虫席卷全球，按照统计，攻击波及全世界上百个国家，而攻击的目标集中在教育、工控、公安等领域，在中国，校园网则成为重灾区。5 月 14 日，WannaCry 勒索病毒出现了变种：WannaCry2.0，取消 KillSwitch 传播速度更快。截至 2017 年 5 月 15 日，WannaCry 造成至少有 150 个国家受到网络攻击，已经影响到金融、能源、医疗等行业，造成严重的危机管理问题。

图 3-6 "WannaCry"勒索病毒

不可否认,互联网保持它所特有的技术中立性。互联网技术使得人们的沟通与交流,不再像过去一样艰难和贫乏。人们既能够利用它更快速地获取信息,也能够利用互联网向更多的人表达自己的观点与意见。客观地说,正是有了互联网,人与人之间的交流才更加频繁,人类命运共同体才得以迅速发展。

互联网在当今社会的重要性不言而喻。但是,互联网绝对不是一个让人为所欲为的法外之地,它理应受到法律、道德、伦理等来自我们实体空间中的规则的约束和监管。无论是具有破坏性的黑客行为,还是其他违法犯罪的行为,都应该受到法律的制裁。只有这样,网络才能够更好地发挥它的作用,成为人与人、国家与国家之间沟通的重要桥梁。

【沉淀思考】

1. 网络安全与国际政治的关系是怎样的?

2. 如何构建网络空间的安全秩序?

**【延伸阅读】**

1. ［美］P. W. 辛格：《网络安全——输不起的互联网战争》，中国信息通信研究院译，电子工业出版社，2015 年版。

2. 沈逸：《网络安全与网络秩序》，上海人民出版社，2015 年版。

## 第四讲　人类命运共同体的内涵

### 一、全球化时代的新判断

**【人类命运共同体是什么】**

人类命运共同体，简单来讲就是全人类是一个整体。人类只有一个地球，世界各国也共用一个地球，要建立起全人类的命运与利益是一个整体的理念，共同发展。用官方语言解读，就是在追求本国利益的同时，也兼顾他国合理关切，在谋求本国发展中促进各国共同发展。这就是命运共同体。

**【提出背景】**

为什么当代社会需要有"人类命运共同体"理念？当前国际形势基本特点是世界多极化、经济全球化、文化多样化和社会信息化。粮食安全、资源短缺、气候变化、网络攻击、人口爆炸、环境污染、疾病流行、跨国犯罪等全球非传统安全问题层出不穷，对国际秩序和人类生存都构成了严峻挑战。不论人们身处何国、信仰何如、是否愿意，实际上已经处在一个命运共同体中。与此同时，一种以应对人类共同挑战为目的的全球价值观已开始形成，并逐步获得国际共识。

图 4－1　携手合作,共创未来

从经济活动分工和合作的角度看,一方面,不同国家都被纳入到世界性的产业链中,各自的比较优势都得到较好的彰显和发挥,当然也因所处位置不同,获取利益多寡有很大区别;另一方面,生产、消费的全世界相互渗透,物资、信息的全球性快速流动,金融方面的相互融通相互持股,跨国公司的超国界全球性运作,如此等等,都使得彼此之间的依赖性远远超过了以往任何时代。各个国家之间的联系越来越紧密,合作越来越多样、越来越广泛,合作中产生的共同利益也越来越明显、越来越巨大。在当今时代,任何国家孤立于国际交往体系,脱离了国际大家庭,就相当于自取灭亡。而在世界经济发展的同时,众多普遍性问题也都变成了各个国家必须共同面对的十分严峻的问题,这些问题向人们警示,由各个国家构成的人类社会是一个统一的整体,一个命运攸关的共同体。

在相当长的历史时期内,由于短缺或匮乏是各个国家生存的"常态",争夺生存资源也就成为各个国家的主要任务,在国际关系上的零和博弈,类似于自然界不同种群弱肉强食的"丛林法则",即使在最好情况下,也是彼此相互视为"外部性"条件,正是这种现实形成了人们思维和观念中的"定势",即各自以自己国家的利益为最高利益,以自己国家的"面子"为最大"面子"。如果说这种思维方式和价值观念在过去时代还"情有可原"的话,那么,在当今时代,它的局限性和危害性就暴露无遗。现实是,在同一个地球上,在各自国家利益之上,还有人类共同体的利益,为了自己国家的利益而损害其他国家和整个人类的利益,既是一种"自私自利",很有可能还会导致"损人不利己"的人类灾难。

面对上述现实,党的十八大报告中提到:"人类生活在同一个地球村,生活在历史和现实交汇的同一个时空里,越来越成为你中有我、我中有你的命运共同体。"习近平就任总书记后,首次会见国外人士时就表示,国际社会日益成为一个你中有我、我中有你的"命运共同体",面对世界经济的复杂形势和全球性问题,任何国家都不可能独善其身。"命运共同体"是中国政府反复强调的关于人类社会发展的新理念。

**【理念的形成和发展】**

党的十八大报告提出倡导"命运共同体"后,2013 年 3 月,刚刚当选国家主席的习近平首次出访俄罗斯,在莫斯科国际关系学院的演讲中,再次提到"命运共同体"的概念,并在之后多个外交场合强调"人类命运共同体"理念。据媒体统计,到 2015 年 9 月,习近平主席在国际国内不同场合 62 次提到"人类命运共同体"的概念,并作了相应阐述。2015 年 9 月 28 日,习近平主席访问联合国总部,出席纪念联合国成立 90 周年大会,发表题为《携手构建合作共赢新伙伴　同心打造人类命运共同体》的讲话,这是中国最高领导人首次在重大国际组织中提出"人类命运共同体"的概念并详细阐释了其核心思想。他说:"当今世界,各国相互依存、休戚与共。我们要继承和弘扬联合国宪章的宗旨和原则,构建以合作共赢为核心的新型国际关系,打造人类命运共同体。"习近平主席在讲话中强调:"我们要建立平等相待、互商互谅的伙伴关系。要营造公道正义、共建共享的安全格局。要谋求开放创新、包容互惠的发展前景。要促进和而不同、兼收并蓄的文明交流。"此次讲话之后,"人类命运共同体"的理念在世界范围内得以广泛传播和认知。

2017 年 1 月,习近平主席出访瑞士,在联合国日内瓦总部发表题为《共同构建人类命运共同体》的重要讲话,与之前的讲话不同的是,此次讲话中,习近平主席首次使用"共同构建"一词,并在讲话中系统阐述了"人类命运共同体"的理论以及相关的政策建议。习近平主席在讲话中对"人类命运共同体"进行了新的定位,将构建"人类命运共同体"确定为新的时代命题。

"人类命运共同体"理念的提出,表达了中国追求和平发展的愿望,体现了在马克思主义指导下中国共产党人对当今人类发展问题和前途的新思考,体现了中国针对当前复杂的国际形势,积极呼吁和参与构建全球治理体系的博大胸襟和长远眼光。从哲学上看,"人类命运共同体"理念与马克思社会有机体思想有着内在联系,后者是前者的理论基础和方法论根据。所以,把握社会有机体理论并从这个角度切入,我们才能对"人类命运共同体"理念形成深刻理解,才能真正在国际国内实践中自觉贯彻合作式发展、包容式发展的新发展观,以我们的实际行动和发展结果,诠释中国特色社会主义发展道路对人类发展的积极意义。

"人类命运共同体"理念的提出,为我们理解和处理当今时代面临的各种问题,努力构建新型的全球治理体系,提供了一种新的思维方式和更趋合理的价值理念。人类的各个部分(国家、地区),人类的各种活动,活动的各个环节,后果的各个方面,都越来越表现出一种有机联系,显示出人类社会是一个有机联系的整体。然而,由于我们缺乏人类命运共同体的意识,各种制造威胁和恐怖的军备竞赛,各种损人又害己的政治经济决策,各种以邻为壑式的短见行为,各种在承担责任时表现出的搪塞推诿,等等,使得全世界不仅很不安宁,而且危险日益严重,全面竞争与全面对抗的危险局势有一触即发的可能。毁灭人类的只有人类自身,我们的命运就掌握在我们自己手里。

所以,唯有大力倡扬人类命运共同体的理念,大力倡扬合作共赢、包容发展的新理念,使各个国家都意识到大家的前途和命运是休戚与共、一损俱损、一荣俱荣的,这样才能促进相互理解、相互包容,合理看待并尊重彼此之间的差异,在追求本国利益时兼顾他国合理关切,在谋求本国发展中促进别国共同发展,建立更加平等均衡的新型全球发展伙伴关系,共享发展机遇,共担风险成本。只要各国都能积极参与全球治理,以对话代替对抗,就能推动国际秩序和国际体系朝着公正合理的方向不断发展,不断增进人类共同利益,实现"各美其美""美人之美""美美与共"和有序存在、相互协调的人类和谐发展的美好愿景。

推动建设人类命运共同体,是新时代中国特色大国外交的生动实践。从致力于构建新型国际关系到不断拓展全球伙伴关系网络,从亲诚惠容的周边外交理念到真实亲诚的对非工作方针,再到共建"一带一路"构想,从抗击埃博拉病毒到也门撤侨行动,再到尼泊尔强震救援……中国不仅坚持走和平发展道路,更敞开胸怀欢迎各国搭乘中国"快车"、共享发展机遇,以实际行动为构建人类命运共同体注入中国智慧,贡献中国力量,同世界各国合作共赢。

**【沉淀思考】**

1. "人类命运共同体"理念提出的背景是什么?

**【延伸阅读】**

1. 王义桅:《世界是通的——"一带一路"的逻辑》,商务印书馆,2016 年版。

2. 习近平讲话,《携手构建合作共赢新伙伴　同心打造人类命运共同体》《共同构建人类命运共同体》。

## 二、全球治理的新观念

人类命运共同体这一全球价值观包含四个内涵,分别是和平权力观、共同利益观、可持续发展观和全球治理观。

**【和平权力观】**

国际关系中的权力概念,有别于我们日常生活中的国家公权力,这一概念最早由汉斯·摩根索进行了完整的论述。作为古典现实主义的开山祖师,摩根索在《国家间政治——权力斗争与和平》中,将权力奉为国际关系领域至高无上的存在。在国际政治中,国家权力是一个综合性概念,既包括行为主体所拥有和维系其生存和发展的物质和非物质力量,也包括它们维护自身利益、推行对外战略和影响其他行为主体的能力,权力的实质是一个国家的实力,而实现权力的手段则有非强制和强制两种方式。

从古至今,多少国家或国家集团为争夺权力发生不计其数的冲突与战争,如今随着全球化的日益深入,国家间的资本、技术、信息、人员流动愈发频繁,国家间的相互依存更加紧密,历史上为争夺现实权力的"尔虞我诈"抑或"针锋相对",已不适用于当下。各国早已在全球化时代的相互依存中形成了不能忽视的利益纽带,国家之间的利益分配无须再通过战争等极端手段来实现。与之相反,国家间本身的相互依存已经为国际关系的缓和创造了条件,各国可以依靠现有的国际体系和机制维持相互之间的关系,促进共同利益的实现。

而今,人类社会是一个相互依存的共同体这一观念已经成为共识,全球化时代下的任何一个小的行为都可能蔓延到整个世界。2008年金融危机尚在眼前,其造成的世界范围内的经济动荡至今仍有余威。一国发生的危机通过各种利益纽带会迅速传导至其他国家,波及全球。现如今的国际社会早已不是零和博弈的战场,如果不能"同舟共济""共克时艰",只会对整个人类造成更大的损失与灾难。愈来愈多的国际协商机制的出现,在用实践证明,面对共同的国际挑战,携手合作方是正道,传统的霸权主义、强权政治,只会成为世界的对立面。

## 【共同利益观】

人类社会天然是一个利益共同体。每一个国家行为主体都具有明确的疆土边界、独立的国家政权、特定的国家利益,都要求把国家利益作为最高原则,并在国际交往中追求国家利益的最大化和自身的绝对安全。因此,国际社会出现了为了各自利益而发生矛盾、冲突甚至战争的行为。人类在反思中,逐渐认识到过于自私、片面地追求自身利益反而会让自身付出惨痛代价。在人类社会这个利益共同体里,个体过于膨胀只会使共同利益受损,要在保障共同利益的前提下选择恰当的方式与其他国家共生、共存、共谋发展。习近平主席提出的建设人类命运共同体的思想,与人类社会发展的这一内在要求相一致、相契合,是当前国际社会交往和世界和谐发展的正确方向。

随着信息科学技术的高速发展,经济全球化的日益深入,各个国家之间的联系已经日趋紧密,正日益形成利益交融、安危与共的利益共同体和命运共同体。在国际交往中树立共同利益观是时代发展的必然要求,符合历史发展的内在逻辑,是人类迈向新发展的合理路径。

共同利益观的基础是共同利益。早在1955年,周恩来总理在亚非万隆会议上提出"求同存异"的外交方针。共同利益是共同利益观的基础,这和求同存异重在"求同"不谋而合。共同利益孕育着"一个行为体的行为因适应另外行为体的行为而进行调整"的合作可能,是命运共同体获得生命和生机的客观基础和强大动力。所以在国际交往中,习近平主席在多个场合多次用"利益共同体"指明中国和其他国家、地区之间的关系,强调厚植共同体各方利益的互惠原则,以共同利益谋取共同发展。

共同利益观的要求与目的是合作共赢,互惠互利。资本主义逐利的本性使相关主体为了获得更高的利润,不惜以牺牲他国、人类共同利益为代价,这已经被历史证明是不正确的、狭隘的。能否激发起世界各国对建设人类命运共同体的热情与向往、使人们最大限度地投身到这一建设进程中来,仍然取决于这些主体对参与这一进程获益情况的预期,因此能否通过合作实现共赢,同时又满足各自利益成为了共同利益观的要求与目的。共同利益最集中、最突出的领域就在经济领域,"一带一路"倡议和实践、"亚投行"的提出和实施等,都是建设命运共同体主张的切实行动。

但相对获益多少、相互依赖强弱、沟通顺畅与否、互利互惠程度、国家实力对比、参与主体数目及共同体制度建设情况等多重因素,左右和制约着合作的畅通和信任,因此,要实现真诚合作、同舟共济,首先,必须从各国关心的利益需求入手,增信释疑、排除障碍、共谋发展。其次,要打破国际旧秩序,旧秩序格局下的帝国野心、霸权主义、强权政治、冷战思维和新时期产生的军事冒险主义、新干涉主义、民族仇外情绪以及经贸关系中的保护主义、孤立主义都威胁着人类的共同利益。要让因循守旧者看到合作共赢带来的好处,想到延循旧秩序利益受损的严重后果,自觉参与到共同利益的建设中。最后,各国在交往合作中要做到公平正义,权责共担,建立更加平等均衡的新型伙伴关系,这也是习近平主席反复强调的。

### 【可持续发展观】

恩格斯曾经在《自然辩证法》中说:"但是我们不要过分陶醉于我们人类对自然界的胜利。对于每一次这样的胜利,自然界都对我们进行报复。"[①]的确,历史上很多国家和地区由于过于追求经济发展速度,不惜以环境污染作为代价,如今面临着资源能源枯竭与环境破坏问题,威胁着人们的生存和健康。同时,全球变暖导致的海平面上升正在淹没陆地,给那些小岛国和沿海国家带来了灭顶之灾,如果这些资源与环境问题继续恶化,我们人类所生存的这个唯一的星球将在不远的未来崩溃。因此,该如何书写可持续发展的规则,既满足我们的生存需求,也为我们的子孙后代留下宝贵的资源与环境,保护我们美丽的家园就成为了迫在眉睫的问题。

当然,不仅是我们所生存的地球面临着自然环境问题,人类社会威胁人类自身安全的现象也不容忽视。回顾浩瀚的国际关系史,我们不难发现,大国关系从来都是国际关系和平与稳定的风向标,较为稳定的大国关系也营造着和平稳定的国际环境,而如今大国关系也面临着诸多的不确定性,而这种不确定性也带给我们每个个人与国家极大的危机感与不安全感,虽然我们的世界整体上还是和平

---

① 《马克思恩格斯选集》第4卷,人民出版社1995年版,第383页。

的,但世界和平也相当脆弱,如何扭转这样的脆弱环境,驱散弥漫的硝烟,形成一个稳定的国际社会,为国家的发展营造一个稳定的国际社会发展环境,这一问题对于我们所追求的可持续发展来说至关重要。同时特别值得注意的是,随着时代与科技的发展,网络安全与人工智能也给人类带来不少自我毁灭的担忧,核武器的扩散也在威胁着人类安全,以上诸多问题如果不能妥善地管控,人类随时面临着毁灭的威胁,可持续发展的问题更无从谈起。

图 4-2　核武器的力量足以毁灭人类

随着综合国力与国际影响力的不断增强,中国在国际社会上充分显现了大国的责任与担当,中国所提出的人类命运共同体理念也体现着可持续发展这一深刻内涵。联合国前秘书长潘基文充分肯定了中国在可持续发展方面所作出的贡献,中国也一贯坚持"大家一起发展才是真发展,可持续发展才是好发展"的理念以及非洲谚语中的"独行快,众行远"的智慧。要打造人类命运共同体,国家与国家之间应该平等相待,互商互谅,互相包容,尊重文化的多样性,在沟通与交流中构筑稳定的国际格局与绿色的生态体系,从而实现真正的可持续发展。中国与世界各国共同携手,可持续发展的目标不再遥不可及,世界也将迎来和煦春风。


【全球治理观】
亚马逊河流域热带雨林中的一只蝴蝶偶尔扇动几下翅膀,可能在两周以后引起美国得克萨斯州的一场龙卷风,这就是我们所熟知的"蝴蝶效应"。我们生活在普遍联系的世界,每个国家都在国际社会上共同生存与成长,都与其他国家有着千丝万缕的联系,正可谓是"牵一发而动全身",这是对人类命运共同体最形象的阐述之一。2008年金融危机之后,世界经济发展疲软乏力,非传统安全问题诸如恐怖主义威胁、网络安全风险等形势也越来越严峻。面对种种问题与难题,任何国家都不能独善其身,任何国家也不能包打天下,那我们又该如何保护这一个共同的家园呢?

改革开放四十多年来,中国创造了举世瞩目的经济奇迹,经济总量已经跃居世界第二位,成为世界经济的发动机,中国的发展红利也在惠及世界,中国的发展离不开世界,世界的发展也离不开中国。中国基于自身发展的理念与实践经验,给世界问题开出了一剂标本兼治的"中国药方",提出了有效地进行全球治理的理念,给世界呈现了独具特色的东方智慧,也体现了中国的大国形象与责任担当。

全球治理即通过具有约束力的国际规则来解决全球性问题,从而维持国际社会的稳定与发展,在全球治理的过程中要努力寻求各方利益的最大公约数,实现合作共赢。现行的全球治理体系是第二次世界大战后形成的,既存在其合理之处,也存在着不完善的方面,而全球治理的固有难题也更加凸显,加强全球治理势在必行。

可以说,构建人类命运共同体是解决全球治理难题的中国方案。中国不仅仅是倡导者,更是实践者。中国成功举办了"一带一路国际合作高峰论坛"、二十国集团领导人杭州峰会等,这些努力都受到了国际社会的认可与好评。在全球治理的过程中,中国始终坚持合作共赢的发展理念,坚决摒弃零和博弈的思维,明确表示欢迎其他国家"搭中国发展的便车",实现共同发展。中国为世界的和平稳定与发展作出的努力以及提供的"中国方案",在实践层面为全球治理注入了活力,提供了方法。

"知之非艰,行之为艰。"不可否认的是,在全球治理的过程中,也面临着很多的风险与挑战,反全球化的浪潮、孤立主义、保护主义都在动摇着全球治理的基础,少数国家奉行"以邻为壑"的对外政策也将在不同程度上削弱国际社会所作出的努力。只有真正意识到全人类是同呼吸、共命运的共同体,避免急功近利,树立正确的义利观,我们才能齐心协力地进行全球治理,共同解决全球治理难题。构筑人类命运共同体,进行全球治理,需要国际社会共同努力!

【沉淀思考】

1. 人类命运共同体理念如何体现可持续发展与全球治理的价值内涵?

2. 中国给世界难题开出的"药方"是什么?

【延伸阅读】

1. 石云霞:《同心打造人类命运共同体》(深入学习贯彻习近平同志系列重要讲话精神),《人民日报》,2016 年 11 月 7 日,第 7 版。

2. 张历历:《习近平人类命运共同体思想的内容、价值与作用》,人民论坛网,2017 年 3 月 30 日刊文。

## 三、全球治理的新模式

自 1648 年《威斯特伐利亚和约》签署,现代意义上的国际关系才开始逐步形成。国家主权独立平等、领土主权原则等现代国际关系基本准则得到承认,威斯特伐利亚会议也开创了以国际会议解决国际争端的新形式。历经一战后的"凡尔赛-华盛顿体系"、二战后的"雅尔塔体系",随着苏联于 1991 年的轰然倒塌,笼罩全世界数十年的两极格局宣告结束。经过 20 世纪 90 年代以及 21 世纪以来的发展与变化,虽然尚未形成全新的国际体系,但目前以和平与发展为核心的时代主题、一超多强的国际格局,已经在深刻改变着国家间的交往以及国际间合作的模式,全球治理正在步入新阶段。就当下的国际政治现实而言,任何国家都不可能按照资本主义殖民时期抑或冷战思维行事。在面对共同挑战或威胁时,国际间应该寻求更可靠和更有效的相互支持,让世界各国获得共同发展、共同安全和共同进步的机会,摒弃"零和"博弈思维,"共同推动建立以合作共赢为核心的新型国际关系"①。人类命运共同体的提出,无疑顺应了当前国际形势的新发展与新变化,具有深刻的现实价值与意义,为全球治理提供了崭新的、可持续的模式。中国提出的"新型国际关系",指的就是摆脱西方国际关系传统的新模式,是蕴含着人类命运共同体思想理念的新思路。这一模式具有不同于以往的鲜明特征。

首先,人类命运共同体倡导的新型国际关系,是以和平发展为导向的。人类命运共同体模式,旨在为国际社会的和平与发展贡献力量,倡导"各国人民应该一起来维护世界和平、促进共同发展"②。这一导向从根本上摒弃了"零和"博弈思维,抛弃古典现实主义中的"你死我活",与某些国家谋求世界霸权的战略思维形成鲜明对比。这种模式下的"新型大国关系",也不再囿于"国强必霸"的逻辑,摆脱"修昔底德陷阱"的魔咒。

其次,人类命运共同体倡导的新型国际关系,是以相互合作为途径的。相互合作是新型国家关系的基本行为方式。随着全球化时代的不断深入,国际社会中的共同挑战将对国际间的共同利益形成越来越大的威胁。当这些挑战和威胁超过单个国家治理能力时,唯有各国一同携手,方能"一荣俱荣",否则只会"一损俱损"。当前国际关系中利益矛盾与分歧依然遍布丛生,坚持"求同存异",从利益重合点开始合作,增加互信,再不断延伸至其他领域,处理分歧,便能避免很多潜在问题的爆发与升级,形成良好合作的基本态势。

再次,人类命运共同体倡导的新型国际关系,是以互利共赢为基本目标的。互利共赢是人类命运共同体模式的本质特征。在人类命运共同体模式之下,国家

---

① 习近平:《顺应时代前进潮流促进世界和平发展——在莫斯科国际关系学院的演讲》,人民日报,2013 年 3 月 24 日。
② 同上注。

之间"你中有我,我中有你",面对共同的国际问题,拥有共同的利益基础。国家的决策及行为不能忽视其他国家的正常利益诉求,更不会出现损人利己的"零和"博弈现象。这种模式之下,各国在维护自身利益的同时,应通过扩大共同利益的途径去实现互利共赢,在追求自身利益的同时兼顾合作方的合理关切,在谋求自身发展中促进共同发展,建立更加平等均衡的新型伙伴关系,促进人类社会的发展与进步。

如今的国际社会,虽然已经摆脱两极争霸的残酷格局,但目前仍有部分国家坚持"零和"博弈思维,尤其是近年来,世界经济复苏缓慢,民粹主义抬头,各类保护主义走上前台,地区热点持续升温,霸权主义、强权政治屡见不鲜,国际恐怖主义及网络安全等非传统安全问题凸显,国际关系中的矛盾与冲突遍布各个领域。世界的和平与稳定,国际社会的繁荣发展,依然任重而道远。

要促进人类命运共同体新型国际关系的形成,需要国际社会成员的共同努力和参与,也需要各主权国家共同遵守和维护一些基本的交往原则。对这些基本原则,习近平主席在参加联合国第七十届大会一般性辩论时作了系统阐述①:

一是要建立平等相待、互商互谅的伙伴关系。联合国宪章贯穿主权平等原则,这意味着世界的前途命运应由各国共同掌握,主权原则不仅体现在各国主权和领土完整不容侵犯、内政互不干涉,还应该体现在各国自主选择社会制度和发展道路的权利应当得到维护,体现在各国推动经济社会发展、改善人民生活的实践应当受到尊重。坚持多边主义,不搞单边主义;要奉行双赢、多赢、共赢的新理念,扔掉我赢你输、赢者通吃的旧思维。协商是民主的重要形式,也应该成为现代国际治理的重要手段,要倡导以对话解决争端、以协商化解分歧。中国倡导的"人类命运共同体",就是要在国际和区域层面建设全球伙伴关系,走出一条"对话而

---

① 习近平:《携手构建合作共赢新伙伴　同心打造人类命运共同体——在第七十届联合国大会一般性辩论时的讲话》,2015 年 9 月 28 日。

不对抗,结伴而不结盟"的国与国交往新路。大国之间相处,要不冲突、不对抗、相互尊重、合作共赢。大国与小国相处,要平等相待,践行正确义利观,义利相兼,义重于利。

二是要营造公道正义、共建共享的安全格局。在经济全球化时代,各国安全相互关联、彼此影响。没有一个国家能凭一己之力谋求自身绝对安全,也没有一个国家可以从别国的动荡中收获稳定。弱肉强食是丛林法则,不是国与国之间的相处之道。穷兵黩武是霸道做法,只能搬起石头砸自己的脚。国际交往中,应当摒弃一切形式的冷战思维,树立共同、综合、合作、可持续安全的新观念,充分发挥联合国及其安理会在止战维和方面的核心作用,通过和平解决争端和强制性行动双轨并举,化干戈为玉帛。

三是要谋求开放创新、包容互惠的发展前景。2008 年爆发的国际经济金融危机告诉我们,放任资本逐利,其结果将是引发新一轮危机。缺乏道德的市场,难以撑起世界繁荣发展的大厦。富者愈富、穷者愈穷的局面不仅难以持续,也有违公平正义。要用好"看不见的手"和"看得见的手",努力形成市场作用和政府作用有机统一、相互促进,打造兼顾效率和公平的规范格局。

四是要促进和而不同、兼收并蓄的文明交流。人类文明多样性赋予这个世界姹紫嫣红的色彩,多样带来交流,交流孕育融合,融合产生进步。文明相处需要和而不同的精神。只有在多样中相互尊重、彼此借鉴、和谐共存,这个世界才能丰富多彩、欣欣向荣。不同文明凝聚着不同民族的智慧和贡献,没有高低之别,更无优劣之分。文明之间要对话,不要排斥;要交流,不要取代。人类历史就是一幅不同文明相互交流、互鉴、融合的宏伟画卷。我们要尊重各种文明,平等相待,互学互鉴,兼收并蓄,推动人类文明实现创造性发展。

五是要构筑尊崇自然、绿色发展的生态体系。人类可以利用自然、改造自然,但归根结底是自然的一部分,必须呵护自然,不能凌驾于自然之上。我们要解决好工业文明带来的矛盾,以人与自然和谐相处为目标,实现世界的可持续发展和人的全面发展。建设生态文明关乎人类未来。国际社会应该携手同行,共谋全球生态文明建设之路,牢固树立尊重自然、顺应自然、保护自然的意识,坚持走绿色、低碳、循环、可持续发展之路。在这方面,中国责无旁贷,将继续作出自己的贡献。同时,我们敦促发达国家承担历史性责任,兑现减排承诺,并帮助发展中国家减缓和适应气候变化。①

全球化时代走到今天,国际社会已然步入"你中有我,我中有你"的新阶段,人类命运共同体模式具有深厚的实践基础及现实价值,这一模式体现了我国对于当前形势的思考判断以及客观认知,也体现出我国对世界发展和人类未来的责任意识、为国际社会作出贡献的能力与意愿。随着中国的综合实力的提升以及不断实践,作为中国提出的全球治理新模式,人类命运共同体思想的意义与价值将获得更多认同,发挥重要作用。


**【沉淀思考】**

1. 人类命运共同体模式与之前的国际关系思维有何不同?

2. 人类命运共同体模式应如何实现?


**【延伸阅读】**

1. 赵磊:《一带一路:中国的文明型崛起》,中信出版社,2015 年版。

---

① 习近平:《携手构建合作共赢新伙伴　同心打造人类命运共同体——在第七十届联合国大会一般性辩论时的讲话》,2015 年 9 月 28 日。

# 第五讲　人类命运共同体与"一带一路"

　　"一带一路"(英文：The Belt and Road,缩写 B&R)是"丝绸之路经济带"和"21世纪海上丝绸之路"的简称。"一带一路"旨在借用古代丝绸之路的历史符号,高举和平发展的旗帜,积极发展与沿线国家的经济合作伙伴关系,共同打造政治互信、经济融合、文化包容的利益共同体、责任共同体和命运共同体。

## 一、"一带一路"倡议的提出与内涵

　　当前国际社会总体而言仍维持着和平发展的基本局面,但世界局势已经在进行着潜移默化的深刻变革。当今世界正处于新旧国际秩序交织的过渡阶段,世界权力格局"东升西降""北消南长",西方大国内耗持续,反全球化逆流涌动,国际危机日渐常态化。正逢不确定不稳定的高风险时代,中国的发展与复兴迎来重要的战略机遇期,作为世界第二的经济大国,中国正在通过"一带一路"为世界提供全球治理的解决方案。

### 【倡议的提出】

　　当今社会依然是处于资本主义社会所主导的全球化进程中。其目的并不是为了实现各个国家的共赢,而只是为了资本主义市场的快速扩展。在这样的全球化进程中,最大的获利者莫过于欧美等一些发达的资本主义国家,而众多的发展中国家,虽然受到全球化的客观影响,生产力有了一定的提高,但是资本主义制度给这些国家带来的腐蚀也是不可小觑的。资本主义的剥削导致很多国家的经济发展和民族产业发展受到阻碍,更有甚者被某些国家打着"人权""和平""自由"的名义干涉内政。另一方面,世界正处于区域经济一体化的趋势中,随着生产力的发展和贸易活动的频繁,越来越多国家的人逐渐认识到应该要"抱团取暖"。于是,联合一致抗衡外部强大势力成为了区域经济一体化的直接动因。

在这样的时代背景下,2013 年 9 月,习近平主席访问中亚四国,在哈萨克斯坦纳扎尔巴耶夫大学发表演讲,首次提出了构建"丝绸之路经济带"的重大倡议。2013 年 10 月,习近平主席在访问印度尼西亚时,首次提出了共建"21 世纪海上丝绸之路"重大倡议,此后"一带一路"建设得到了国内外的广泛关注。2013 年 12 月,党的十八届三中全会通过的《中共中央关于全面深化改革若干重大问题的决定》关于"构建开放型经济新体制"中进一步明确提出"加快同周边国家和区域基础设施互联互通建设,推进丝绸之路经济带、海上丝绸之路建设,形成全方位开放新格局"。它是我国扩大和深化对外开放,构建开放发展新格局,践行合作共赢理念的重大倡议,因此,必须从战略的高度来加以认识,从区域和全球的视野来审视,从长远的发展来规划。

从我国发展的需要来看,构建丝绸之路经济带是为了实现我国开放均衡格局。在 20 世纪 80 年代开始对外开放的时候,我们是先从沿海地区开始的,主要以推动沿海地区的开放发展为重点。通过开放引进,参与国际分工,大力发展外向型经济,扩大出口,实现了沿海地区经济的快速发展。后来,在共同富裕的理念下,我国又制定了西部大开发战略等一系列支持内陆地区发展的战略方针,推动内陆,特别是西部地区的开放发展。但是,我们也必须客观地意识到,如今沿海和内陆的发展环境差别还是很大,沿海地区的对外开放有先天的地理优势,而相比之下内陆地区的对外开放难度较大,格局很不平衡,内陆特别是西部地区受到环境很大的制约。

构建丝绸之路经济带有着全新的含义：一是它突出了我国内陆地区的对外开放，着眼于推动西部地区的开放发展，拓展新的开放发展空间；二是它打破以往注重引进和出口的开放模式，强调与相关国家共同打造开放发展的经济带，以共同发展来拓展发展的空间，实现共同繁荣。

建设"21世纪海上丝绸之路"是深化我国沿海开放，建设海路链接地区合作发展的重大倡议。如今，海路是我国对外经济交往的主要通道，大部分的货物进出口，以及资源、能源进口主要通过海路。因此，保证海上航道畅通与安全对我国有着非同寻常的意义。不过，中国倡导建设"21世纪海上丝绸之路"还有更深刻的含义"。一则，它强调开放、安全与共建，其之所以冠以"21世纪"，就是要区别于以往的以追求霸权为宗旨的海权论，构建合作与共享的海洋新秩序；二则，它强调发展、合作与共赢，把海上通道建设与发展紧密结合起来。如果说"丝绸之路经济带"是内陆开放的重大倡议，那么，"21世纪海上丝绸之路"就是要推进海路经济带的建设。

"一带一路"不同于如今以资本主义国家为主导的经济全球化和区域经济一体化，是我国作为上升大国坚持不走传统大国争霸、称霸的老路，而走开放、发展、合作与共赢的新的和平发展道路的体现。之所以使用"丝绸之路"这个词，是因为古丝绸之路所代表的开放共荣精神，也可以称之为"丝绸之路精神"，可以最好地体现这些理念和原则。

正如习近平主席就建设丝绸之路经济带所说的，"两千多年的交往历史证明，只要坚持团结互信、平等互利、包容互鉴、合作共赢，不同种族、不同信仰、不同文化背景的国家完全可以共享和平，共同发展"[1]。

---

[1] 习近平：《弘扬人民友谊，共创美好未来——在纳扎尔巴耶夫大学的演讲》，新华网，2013年9月8日，http://news. xinhuanet. com/politics/2013-09/08/c_117273079. htm。

**【倡议的实施和推进】**

"一带一路"倡议提出后,得到国际社会高度关注,并在中国的大力推动下得以快速推进。

"21世纪海上丝绸之路"从海上联通欧亚非三个大陆,和"丝绸之路经济带"一起,共同形成一个海上、陆地的闭环。在中国境内,丝绸之路经济带圈将至少覆盖新疆、重庆、陕西、甘肃、宁夏、青海、内蒙古、黑龙江、吉林、辽宁、广西、云南、西藏13省(直辖市)。而"21世纪海上丝绸之路"将至少覆盖上海、福建、广东、浙江、海南5省(直辖市)。

从国际角度来看,"一带一路"将至少覆盖五条线路,即北线A:北美洲(美国,加拿大)—北太平洋—日本、韩国—日本海—符拉迪沃斯托克(扎鲁比诺港,斯拉夫扬卡等)—珲春—延吉—吉林—长春(即长吉图开发开放先导区)—蒙古国—俄罗斯—欧洲(北欧,中欧,东欧,西欧,南欧);北线B:北京—俄罗斯—德国—北欧;中线:北京—郑州—西安—乌鲁木齐—阿富汗—哈萨克斯坦—匈牙利—巴黎;南线:泉州—福州—广州—海口—南海—河内—吉隆坡—雅加达—科伦坡—加尔各答—内罗毕—雅典—威尼斯;中心线:连云港—郑州—西安—兰州—新疆—中亚—欧洲。

从2013年开始,习近平主席、李克强总理等国家领导人先后出访二十多个国家,出席加强互联互通伙伴关系对话会、中阿合作论坛第六届部长级会议等,就双边关系和地区发展问题,多次与有关国家元首和政府首脑进行会晤,深入阐释"一带一路"的深刻内涵和积极意义,就共建"一带一路"达成广泛共识。2013年9月7日上午,习近平主席在哈萨克斯坦纳扎尔巴耶夫大学作演讲,提出共同建设"丝绸之路经济带"。李克强总理参加2013年中国-东盟博览会时强调,铺就面向东盟的海上丝绸之路,打造带动腹地发展的战略支点。2014年8月,习近平主席出访蒙古国时,表示欢迎周边国家"搭便车"。2015年2月1日,推进"一带一路"建设工作会议在北京召开,中共中央政治局常委、国务院副总理张高丽主持会议并讲话。2015 年 3 月,为推进实施"一带一路",让古丝绸之路焕发新的生机活力,以新的形式使亚欧非各国联系更加紧密,互利合作迈向新的历史高度,中国政府特制定并发布《推动共建丝绸之路经济带和 21 世纪海上丝绸之路的愿景与行动》。2015 年 5 月 7 日,习近平主席开启对欧亚三国的访问,首站抵达哈萨克斯坦。此次访哈可视作是"丝绸之路经济带"的落实之旅,将进一步助推"一带一路"的建设。2015 年,博鳌亚洲论坛开幕式上,习近平主席发表主旨演讲,表示"一带一路"建设不是要替代现有地区合作机制和倡议,而是要在已有基础上,推动沿线各国实现经济战略相互对接、优势互补。①

2017 年 5 月,"一带一路"国际合作高峰论坛正式在北京举办,29 位外国元首、政府首脑及联合国秘书长、红十字国际委员会主席等 3 位重要国际组织负责人出席高峰论坛,来自 130 多个国家的约 1 500 名各界贵宾作为正式代表出席论坛。3 年多来,"一带一路"建设从无到有、由点及面,进度和成果超出预期。全球100 多个国家和国际组织共同参与,40 多个国家和国际组织与中国签署合作协议,形成广泛国际合作共识。联合国大会、安理会、联合国亚太经社会、亚太经合组织、亚欧会议、大湄公河次区域经济合作等有关决议或文件都纳入或体现了"一带一路"建设内容。经济走廊建设稳步推进,互联互通网络逐步成型,贸易投资大幅增长,重要项目合作稳步实施,取得一批重要早期收获。"一带一路"倡议来自中国,成果正在惠及全世界。

**【倡议内涵】**

**倡议理念:**建设一带一路,需要坚持共建原则,即恪守联合国宪章的宗旨和原

---

① 《习近平博鳌演讲:"一带一路"不是独奏是合唱》,中国网,2015 年 9 月 9 日,http://www.china.com.cn/node_7064072/content_36541689.htm。

则,坚持开放合作,坚持和谐包容,坚持市场运作,坚持互利共赢。一带一路的框架思路为四大理念和三大共同体,四大理念即和平合作、开放包容、互学互鉴、互利共赢;三大共同体即责任共同体、利益共同体、命运共同体。要打造四大丝绸之路,即绿色丝绸之路、健康丝绸之路、智力丝绸之路、和平丝绸之路。要遵循八项要求,即切实推进思想统一,切实推进规划落实,切实推进统筹协调,切实推进关键项目落地,切实推进金融创新,切实推进民心相通,切实推进舆论宣传,切实推进安全保障。

**合作机制:**第一,加强双边合作,开展多层次、多渠道沟通磋商,推动双边关系全面发展。推动签署合作备忘录或合作规划,建设一批双边合作示范。建立完善双边联合工作机制,研究推进“一带一路”建设的实施方案、行动路线图。充分发挥现有联委会、混委会、协委会、指导委员会、管理委员会等双边机制作用,协调推动合作项目实施。第二,发挥现有多边合作机制作用,相关国家加强沟通。强化多边合作机制作用,发挥上海合作组织(SCO)、中国-东盟“10+1”、亚太经合组织(APEC)、亚欧会议(ASEM)、亚洲合作对话(ACD)、亚信会议(CICA)、中阿合作论坛、中国-海合会战略对话、大湄公河次区域(GMS)经济合作、中亚区域经济合作(CAREC)等现有多边合作机制作用,相关国家加强沟通,让更多国家和地区参与“一带一路”建设。第三,发挥沿线各国区域、次区域相关平台的建设性作用。继续发挥沿线各国区域、次区域相关国际论坛、展会以及博鳌亚洲论坛、中国-东盟博览会、中国-亚欧博览会、欧亚经济论坛、中国国际投资贸易洽谈会,以及中国-南亚博览会、中国-阿拉伯博览会、中国西部国际博览会、中国-俄罗斯博览会、前海合作论坛等平台的建设性作用。支持沿线国家地方、民间挖掘“一带一路”历史文化遗产,联合举办专项投资、贸易、文化交流活动,办好丝绸之路(敦煌)国际文化博览会、丝绸之路国际电影节和图书展。倡议建立“一带一路”国际高峰论坛。

图5-1 "五通"搭起"一带一路"

**合作重点**：一带一路沿线各国资源禀赋各异，经济互补性较强，彼此合作潜力和空间很大。以政策沟通、设施联通、贸易畅通、资金融通、民心相通为主要内容，重点在以下方面加强合作。

（1）政策沟通。加强政策沟通是"一带一路"建设的重要保障。加强政府间合作，积极构建多层次政府间宏观政策沟通交流机制，深化利益融合，促进政治互信，达成合作新共识。沿线各国可以就经济发展战略和对策进行充分交流对接，共同制定推进区域合作的规划和措施，协商解决合作中的问题，共同为务实合作及大型项目实施提供政策支持。

（2）设施联通。基础设施互联互通是"一带一路"建设的优先领域。在尊重相关国家主权和安全关切的基础上，沿线国家宜加强基础设施建设规划、技术标准体系的对接，共同推进国际骨干通道建设，逐步形成连接亚洲各次区域以及亚欧非之间的基础设施网络。强化基础设施绿色低碳化建设和运营管理，在建设中充分考虑气候变化影响。抓住交通基础设施的关键通道、关键节点和重点工程，优先打通缺失路段，畅通瓶颈路段，配套完善道路安全防护设施和交通管理设施设备,提升道路通达水平。推进建立统一的全程运输协调机制,促进国际通关、换装、多式联运有机衔接,逐步形成兼容规范的运输规则,实现国际运输便利化。推动口岸基础设施建设,畅通陆水联运通道,推进港口合作建设,增加海上航线和班次,加强海上物流信息化合作。拓展建立民航全面合作的平台和机制,加快提升航空基础设施水平。加强能源基础设施互联互通合作,共同维护输油、输气管道等运输通道安全,推进跨境电力与输电通道建设,积极开展区域电网升级改造合作。共同推进跨境光缆等通信干线网络建设,提高国际通信互联互通水平,畅通信息丝绸之路。加快推进双边跨境光缆等建设,规划建设洲际海底光缆项目,完善空中(卫星)信息通道,扩大信息交流与合作。

(3)贸易畅通。投资贸易合作是"一带一路"建设的重点内容。宜着力研究解决投资贸易便利化问题,消除投资和贸易壁垒,构建区域内和各国良好的营商环境,积极同沿线国家和地区共同商建自由贸易区,激发释放合作潜力,做大做好合作"蛋糕"。沿线国家宜加强信息互换、监管互认、执法互助的海关合作,以及检验检疫、认证认可、标准计量、统计信息等方面的双多边合作,推动世界贸易组织《贸易便利化协定》的生效和实施。改善边境口岸通关设施条件,加快边境口岸"单一窗口"建设,降低通关成本,提升通关能力。加强供应链安全与便利化合作,推进跨境监管程序协调,推动检验检疫证书国际互联网核查,开展"经认证的经营者"(AEO)互认。降低非关税壁垒,共同提高技术性贸易措施透明度,提高贸易自由化便利化水平。拓宽贸易领域,优化贸易结构,挖掘贸易新增长点,促进贸易平衡。创新贸易方式,发展跨境电子商务等新的商业业态。建立健全服务贸易促进体系,巩固和扩大传统贸易,大力发展现代服务贸易。把投资和贸易有机结合起来,以投资带动贸易发展。加快投资便利化进程,消除投资壁垒。加强双边投资保护协定、避免双重征税协定磋商,保护投资者的合法权益。拓展相互投资领域,开展农林牧渔业、农机及农产品生产加工等领域深度合作,积极推进海水养殖、远洋渔业、水产品加工、海水淡化、海洋生物制药、海洋工程技术、环保产业和海上旅游等领域合作。加大煤炭、油气、金属矿产等传统能源资源勘探开发合作,积极推动水电、核电、风电、太阳能等清洁、可再生能源合作,推进能源资源就地就近加工转化合作,形成能源资源合作上下游一体化产业链。加强能源资源深加工技术、装备与工程服务合作。推动新兴产业合作,按照优势互补、互利共赢的原则,促进沿线国家加强在新一代信息技术、生物、新能源、新材料等新兴产业领域的深入合作,推动建立创业投资合作机制。优化产业链分工布局,推动上下游产业链和关联产业协同发展,鼓励建立研发、生产和营销体系,提升区域产业配套能力和综合竞争力。扩大服务业相互开放,推动区域服务业加快发展。探索投资合作新模式,鼓励合作建设境外经贸合作区、跨境经济合作区等各类产业园区,促进产业集群发展。在投资贸易中突出生态文明理念,加强生态环境、生物多样性和应对气候变化合作,共建绿色丝绸之路。中国欢迎各国企业来华投资。鼓励本国企业参与沿线国家基础设施建设和产业投资。促进企业按属地化原则经营管理,积极帮助当地发展经济、增加就业、改善民生,主动承担社会责任,严格保护生物多样性和生态环境。

(4)资金融通。资金融通是"一带一路"建设的重要支撑。深化金融合作,推进亚洲货币稳定体系、投融资体系和信用体系建设。扩大沿线国家双边本币互换、结算的范围和规模。推动亚洲债券市场的开放和发展。共同推进亚洲基础设施投资银行、金砖国家开发银行筹建,有关各方就建立上海合作组织融资机构开展磋商。加快丝路基金组建运营。深化中国-东盟银行联合体、上合组织银行联合体务实合作,以银团贷款、银行授信等方式开展多边金融合作。支持沿线国家政府和信用等级较高的企业以及金融机构在中国境内发行人民币债券。符合条件的中国境内金融机构和企业可以在境外发行人民币债券和外币债券,鼓励在沿线国家使用所筹资金。加强金融监管合作,推动签署双边监管合作谅解备忘录,逐步在区域内建立高效监管协调机制。完善风险应对和危机处置制度安排,构建区域性金融风险预警系统,形成应对跨境风险和危机处置的交流合作机制。加强征信管理部门、征信机构和评级机构之间的跨境交流与合作。充分发挥丝路基金以及各国主权基金作用，引导商业性股权投资基金和社会资金共同参与"一带一路"重点项目建设。

（5）民心相通。民心相通是"一带一路"建设的社会根基。传承和弘扬丝绸之路友好合作精神，广泛开展文化交流、学术往来、人才交流合作、媒体合作、青年和妇女交往、志愿者服务等，为深化双多边合作奠定坚实的民意基础。扩大相互间留学生规模，开展合作办学，中国每年向沿线国家提供 1 万个政府奖学金名额。沿线国家间互办文化年、艺术节、电影节、电视周和图书展等活动，合作开展广播影视剧精品创作及翻译，联合申请世界文化遗产，共同开展世界遗产的联合保护工作。深化沿线国家间人才交流合作。加强旅游合作，扩大旅游规模，互办旅游推广周、宣传月等活动，联合打造具有丝绸之路特色的国际精品旅游线路和旅游产品，提高沿线各国游客签证便利化水平。推动 21 世纪海上丝绸之路邮轮旅游合作。积极开展体育交流活动，支持沿线国家申办重大国际体育赛事。强化与周边国家在传染病疫情信息沟通、防治技术交流、专业人才培养等方面的合作，提高合作处理突发公共卫生事件的能力。为有关国家提供医疗援助和应急医疗救助，在妇幼健康、残疾人康复以及艾滋病、结核、疟疾等主要传染病领域开展务实合作，扩大在传统医药领域的合作。加强科技合作，共建联合实验室（研究中心）、国际技术转移中心、海上合作中心，促进科技人员交流，合作开展重大科技攻关，共同提升科技创新能力。整合现有资源，积极开拓和推进与沿线国家在青年就业、创业培训、职业技能开发、社会保障管理服务、公共行政管理等共同关心领域的务实合作。充分发挥政党、议会交往的桥梁作用，加强沿线国家之间立法机构、主要党派和政治组织的友好往来。开展城市交流合作，欢迎沿线国家重要城市之间互结友好城市，以人文交流为重点，突出务实合作，形成更多鲜活的合作范例。欢迎沿线国家智库之间开展联合研究、合作举办论坛等。加强沿线国家民间组织的交流合作，重点面向基层民众，广泛开展教育医疗、减贫开发、生物多样性和生态环保等各类公益慈善活动,促进沿线贫困地区生产生活条件改善。加强文化传媒的国际交流合作,积极利用网络平台,运用新媒体工具,塑造和谐友好的文化生态和舆论环境。

**【沉淀思考】**

1. "一带一路"的提出具有怎样的国内、国际背景和条件?

2. "一带一路"和以往的国际性合作倡议有怎样的区别?

**【延伸阅读】**国家发展改革委、外交部、商务部:《推动共建丝绸之路经济带和21 世纪海上丝绸之路的愿景与行动》,外文出版社,2015 年版。

## 二、"一带一路"倡议的伟大成就

**【意义】**

1. 推动经济增长,促进世界发展

习近平主席在和平共处五项原则发表 60 周年纪念大会上的讲话中指出:"中国正在推动落实丝绸之路经济带、21 世纪海上丝绸之路、孟中印缅经济走廊、中国一东盟命运共同体等重大合作倡议,中国将以此为契机全面推进新一轮对外开放,发展开放型经济体系,为亚洲和世界发展带来新的机遇和空间。"[1]

就国内经济而言,改革开放特别是西部大开发战略实施以来,西部地区已经在多方努力下加速赶超,发展节奏和步伐明显加快,但是西部地区由于传统发展基础较为薄弱、地理区位深入内陆、发展资源开发不足等因素,与东部地区相比仍存在一定差距。"'一带一路'将构筑新一轮对外开放的'一体两翼',在提升向东开放水平的同时加快向西开放步伐,助推内陆沿边地区由对外开放的

---

[1] 习近平,《弘扬和平共处五项原则　建设合作共赢美好世界——在和平共处五项原则发表 60 周年纪念大会上的讲话》,人民日报,2014 年 06 月 29 日。

边缘迈向前沿。"①"一带一路"有利于推动西部地区充分利用国际国内两个市场、两种资源,形成东西、南北双向对外经济走廊,进一步释放改革活力,提高开放水平。

就国际经济而言,世界正处于后金融危机时代,经济恢复疲软,而"一带一路"正是作为世界经济增长火车头的中国将自身的产能优势、技术与资金优势、经验与模式优势转化为市场与合作优势,实行全方位开放的一大创新。通过"一带一路"建设共同分享中国改革发展红利、中国发展的经验和教训。中国将着力推动沿线国家间实现合作与对话,建立更加平等均衡的新型全球发展伙伴关系,夯实世界经济长期稳定发展的基础。在遵循和平合作、开放包容、互学互鉴、互利共赢的丝路精神的前提下,中国与沿线各国在交通基础设施、贸易与投资、能源合作、区域一体化、人民币国际化等领域深度合作。

"一带一路"有望构筑全球经济贸易新的大循环,成为继大西洋、太平洋之后的第三大经济发展空间。"一带一路"地区覆盖总人口约 46 亿(超过世界人口60%),GDP 总量达 20 万亿美元(约占全球 1/3)。区域国家经济增长对跨境贸易的依赖程度较高:2000 年各国平均外贸依存度为 32.6%;2010 年提高到 33.9%;2012 年达到 34.5%,远高于同期 24.3% 的全球平均水平。根据世界银行数据计算,1990—2013 年期间,全球贸易、跨境直接投资年均增长速度为 7.8% 和 9.7%,而"一带一路"相关 65 个国家同期的年均增长速度分别达到 13.1% 和 16.5%;尤其是国际金融危机后的 2010—2013 年期间,"一带一路"对外贸易、外资净流入年均增长速度分别达到 13.9% 和 6.2%,比全球平均水平高出 4.6 个百分点和 3.4个百分点。2015 年,我国同"一带一路"沿线国家进出口贸易总额近 1 万亿美元,我国同沿线 65 个国家中投资 49 个国家,共计 150 亿美元,同比增长 18%。②

---

① 高虎城,《深化经贸合作 共创新的辉煌》,人民日报,2014 年 07 月 02 日。
② 张茉楠,《"一带一路":重构全球经贸大循环》,华夏时报,2016 年 03 月 18 日。

2. 传承丝路精神，开创新型合作

"一带一路"建设是古丝绸之路辉煌的续写，是开创当今时代新型合作模式的助推。历史上，古代中国与他国存在着多条政治、经济、文化的往来通道。有西汉张骞出使西域的"西北丝绸之路"；有北向蒙古高原，再西行天山进入中亚的"草原丝绸之路"；有从西安到成都再到印度的"西南丝绸之路"；还有从中国东南沿海出发，穿过南中国海，进入太平洋、印度洋、波斯湾，远及非洲、欧洲的"海上丝绸之路"等。数千年来，各国使节、商队、游客、学者、工匠、教徒们沿着丝绸之路走向世界、川流不息，沿线国家与民众互通有无、互学互鉴，形成一条政治、经济、文化交流的友谊之路。古丝绸之路承载的和平合作、开放包容、互学互鉴、互利共赢精神得以薪火相传。新时代背景下，世界各国均面临着前所未有的困难和挑战，稳定经济、促进发展将成为世界的共同使命。"一带一路"将继续发扬古丝绸之路的文化精神，成为惠及沿线各国人民的和平之路、合作之路、共赢之路。

同时"一带一路"也代表着自愿参与、协同推进、兼容并包的新型合作模式的推广与使用。"一带一路"正在以经济走廊理论、经济带理论、21世纪的国际合作理论等创新经济发展理论、区域合作理论、全球化理论。"一带一路"强调共商、共建、共享原则，超越了既有的霸权主义及"零和"博弈，为21世纪的国际合作带来新的理念。

3. 促进共同繁荣，实现和谐相处

中国始终坚定不移地走和平发展道路，始终不渝地奉行互利共赢的开放战略，积极践行亲、诚、惠、容的周边外交理念，逐步深化与周边国家的互利合作。"一带一路"建设将能够更好地推动沿线各国人民友好交往，促进不同种族、不同信仰、不同文化传统的国家之间和谐相处、共同发展、共同繁荣。

"传统全球化由海而起，由海而生，沿海地区、海洋国家先发展起来，陆上国家、内地则较落后，形成巨大的贫富差距。传统全球化由欧洲开辟，由美国发扬光大，形成国际秩序的"西方中心论"，导致东方从属于西方，农村从属于城市，陆地从属于海洋等一系列不平衡不合理效应。"①而"一带一路"这条世界上跨度最大的经济走廊、最具发展潜力的经济合作带,将贯通中亚、东南亚、南亚、西亚乃至欧洲和非洲的部分地区,东系北美、西连西欧,使沿线国家通过新的合作路径首先获益。"一带一路"超越了资本主义经济全球化带来的两极分化、"南北"差距,将推动建立持久和平、普遍安全、共同繁荣的和谐世界。

**【部分项目成果】②**

**"一带一路"国际合作高峰论坛:** 2017 年 5 月 14 日至 15 日,中国在北京主办"一带一路"国际合作高峰论坛。这是各方共商、共建"一带一路",共享互利合作成果的国际盛会,也是加强国际合作,对接彼此发展战略的重要合作平台。高峰论坛前夕及期间,各国政府、地方、企业等达成一系列合作共识、重要举措及务实成果,中方对其中具有代表性的一些成果进行了梳理和汇总,形成高峰论坛成果

图 5-2 "一带一路"国际合作高峰论坛

---

① 王义桅,《"一带一路"的三重使命》,人民日报海外版,2015 年 3 月 28 日。
② 部分数据及案例来源:中国一带一路网,https://www.yidaiyilu.gov.cn。

清单。清单主要涵盖政策沟通、设施联通、贸易畅通、资金融通、民心相通5大类，共76大项、270多项具体成果。

**亚洲基础设施投资银行**：亚洲基础设施投资银行（Asian Infrastructure Investment Bank，简称亚投行，AIIB）是一个政府间性质的亚洲区域多边开发机构。重点支持基础设施建设，成立宗旨是为了促进亚洲区域的建设互联互通化和经济一体化的进程，并且加强中国及其他亚洲国家和地区的合作，是首个由中国倡议设立的多边金融机构，总部设在北京，法定资本1 000亿美元。2015年4月28日，为期两天的亚投行第四次谈判代表会议在北京闭幕，这是亚投行57个意向创始成员国名单最终确定后首次齐聚北京，代表们对多边临时秘书处起草的《亚投行章程（草案）》修订稿进行讨论并取得显著进展。各方商定于2015年年中完成亚投行章程谈判并签署，年底前完成章程生效程序，正式成立亚投行。截至2020年7月28日，亚投行有103个正式成员国，涵盖了除美日之外的主要西方国家，以及亚欧区域的大部分国家，成员遍及五大洲。

**中巴经济走廊**：2013年5月，李克强总理访问巴基斯坦期间，与巴方领导人就进一步加强中巴全天候战略合作伙伴关系深入交换了意见。中方强调，中方始终将中巴关系置于中国外交优先方向，愿与巴方一道，维护传统友谊，推进全面合作，实现共同发展。李克强总理提出要打造一条北起喀什、南至巴基斯坦瓜达尔港的经济大动脉，推进互联互通。表示要加强战略和长远规划，开拓互联互通、海洋等新领域合作。要着手制定中巴经济走廊远景规划，稳步推进中巴经济走廊建设。这条经济走廊的建设旨在进一步加强中巴互联互通，促进两国共同发展。

2013年底，习近平主席提出"一带一路"建设构想，中巴经济走廊作为"一带一路"的有益补充，重要性进一步提升。2015年3月发布的《推动共建丝绸之路经济带和21世纪海上丝绸之路的愿景与行动》则明确提出，"中巴、中印孟缅两个经济走廊与推进'一带一路'建设关联紧密，要进一步推动合作，取得更大进展"。2014年2月，时任巴基斯坦总统侯赛因访华期间，中巴双方同意加速推进中巴经济走廊建设。此间专家认为,这一消息标志着这一"世纪里程碑"项目将步入"快车道"。中巴经济走廊建设是侯赛因访华的重要议题。中巴经济走廊联委会第二次会议在北京举行,双方签署了关于建立中巴小型水电技术国家联合研究中心、设立孔子学院、喀喇昆仑公路升级改造二期工程等合作文件。

中巴双方 2014 年 2 月 19 日发表的联合声明指出,中巴经济走廊建设契合两国发展战略,有助于两国发展经济、改善民生及促进本地区的共同发展与繁荣。双方应共同努力,确保中巴经济走廊尽快成型,并取得实实在在的成果。

**蒙内铁路:** 肯尼亚是中国"一带一路"建设在非洲的第一个支点,是新丝路建设中获得中国资金援助最多的国家。2014 年 5 月李克强总理访问肯尼亚期间,中肯签署了关于蒙巴萨–内罗毕铁路相关合作协议,蒙内铁路是肯尼亚百年来建设的首条新铁路,是东非铁路网的咽喉,也是东非次区域互联互通重大项目。蒙内铁路全长 480 公里,已于 2017 年 5 月建成通车。东非铁路整体规划从蒙巴萨出发经内罗毕到乌干达,规划全长 2 700 公里,预计总造价 250 亿美元。

**中匈协议:** 2015 年 6 月 6 日,正在匈牙利进行正式访问的外交部部长王毅,在布达佩斯同匈牙利外交与对外经济部部长西亚尔托签署了《中华人民共和国政府和匈牙利政府关于共同推进丝绸之路经济带和 21 世纪海上丝绸之路建设的谅解备忘录》。这是中国同欧洲国家签署的第一个此类合作文件。

**印尼雅万高铁:** 2016 年 1 月 21 日,印尼雅万高铁开工奠基仪式举行。这将是印尼乃至东南亚地区的首条高铁。

**德黑兰–马什哈德高铁:** 2016 年 2 月 6 日,伊朗总统鲁哈尼出席了德黑兰–马什哈德铁路电气化改造项目的开工仪式,项目预计将在 42 个月后竣工,随后还有 5 年的维护期。该项目由伊朗基础设施工程集团 MAPNA 和中国中机公司及苏电集团承建。项目全部竣工后,将有 70 辆中国机车以 250 公里的时速在该段铁路上行驶。

**中老铁路:** 2016 年 12 月 25 日,老挝北部琅勃拉邦,一支筑路队伍整装待发。老挝总理通伦亲自挥铲破土,鸣锣九响,标志着中国老挝铁路全线开工。根据规划,中老铁路将于 2021 年全线贯通,届时从中国边境到万象只需 4 个小时,多山缺路的老挝将实现从"陆锁国"变为"陆联国"的梦想。

**【沉淀思考】**

"一带一路"为什么能够得到大多数国家的欢迎与支持?

**【延伸阅读】**

中国一带一路网:https://www.yidaiyilu.gov.cn。

## 三、"一带一路"对人类命运共同体的推动

"一带一路"旨在打造政治互信、经济融合、文化包容的利益共同体、责任共同体和命运共同体。"一带一路"本质上是人类命运共同体思想在国际社会中的创新实践,同时,在实践中推动人类命运共同体思想不断完善。

**【全球治理的创新】**

自 2013 年"一带一路"倡议公布于世以来,国内外对于"一带一路"均投入一定的学术研究和讨论,并形成不同的研究角度和方向。事实上,"一带一路"本身是中国发起的一个开放多元的国际合作机制,既拥抱全球,倡导世界各国的参与,又携手沿线发展潜力巨大的"广大腹地国家"[①],蕴含着重要的地域性。"一带一路"的合作机制必然需要与一定的地区规范相结合,同时也在于如何在和沿线国家共建中形成规范、原则和秩序。这一过程将充分融合人类命运共同体思想,实现全球治理中的模式创新。

---

① 参见国家发展改革委、外交部、商务部:《推动共建丝绸之路经济带和 21 世纪海上丝绸之路的愿景与行动》。外文出版社,2015 年版。

**治理主体创新。** 在以国家行为体为基本单位的当代国际社会,主权国家一直在全球治理和区域治理中扮演着重要的角色。"一带一路"倡导多元合作机制:倡议期间建立共识并推动实质性合作的国家是"一带一路"建设和治理的重要主体;除了主权国家,各类国际和地区组织在治理中也将扮演重要角色;同时如跨国企业以及相关民间组织等市场主体也将在其中发挥重要作用。"一带一路"的治理主体和西方传统治理模式的差异在于:西方传统治理模式的成员相对固定,具有一定的封闭性;而"一带一路"则是开放的、非排他的区域合作,治理主体和模式更加灵活和包容。

**治理对象创新。** 治理过程的落脚点在于问题的处理和化解,目前处于经济合作层面的"一带一路"则将治理重点置于沿线国家基础设施建设、协调,沿线国家经贸规则的协调和对接,沿线国家金融监管合作等方面。"一带一路"在经济层面之上同时倡导政治和文化的协商合作等议题,"政策沟通""民心相通"等命运共同体思想都远远超出西方传统治理模式的内容。

**治理机制创新。** 治理机制是治理主体在治理过程中按照一定程序和原则设置议题达成共识或决策的互动关系,反映了治理主体间的权利、义务和利益分配与协调。当前,"一带一路"虽然尚停留在倡议阶段,召开过两次高峰论坛,并未形成专门的治理平台,但"一带一路"自 2013 年提出至今,已经通过双边高层会晤、

图 5-3 "一带一路"国际合作高峰论坛 LOGO

主场外交、多边机制内嵌主题等多种灵活形式,达成一系列成果与共识。同时"一带一路"更侧重为沿线国家提供区域公共产品,而非西方传统的权利与义务对等交换的规则形式,也将推动治理机制的创新和人类命运共同体思想的落地。

**治理目标与价值创新。**治理主体、对象与机制结构等治理因素都对治理体系的最终目标和价值产生导向作用。"一带一路"强调"共商、共建、共享",定位于区域公共产品的提供,旨在推动能力建设和共同发展,以共同利益为目标,以互利共赢为价值取向。这些都是"一带一路"与传统西方霸权主义、"零和"博弈思想的不同之处,深刻体现了人类命运共同体思想的价值理念。

【国家关系治理】

从治理层面而言,身为治理主体的主权国家行为体在"一带一路"建设中具有至关重要的作用,而其国家关系的治理将成为"一带一路"建设中不可忽视的重要内容。在国家关系治理的过程中建立起各国所认可的范式和规则,才有可能促成大家在某种核心认同下为共同的目标加强合作。国家关系治理是逐步推广命运共同体思想,促成政治互信、经济融合、文化包容的必要环节。

从根本上来讲,"一带一路"中的沿线国家关系治理问题,对"一带一路"建设具有最重要的意义。"一带一路"的范围包括但不限于北方丝绸之路经济带、中巴经济走廊、孟中印缅经济走廊、海上丝绸之路等,几乎囊括了欧亚大陆上的绝大多数国家,重点包括蒙古、俄罗斯、哈萨克斯坦、吉尔吉斯斯坦、乌兹别克斯坦、土库曼斯坦、荷兰、法国、德国、比利时、塔吉克斯坦、马尔代夫、斯里兰卡、印度、印度尼西亚、马来西亚等十余个国家,如果加上"一带一路"其他沿线国家,覆盖国家数量达 60 个以上,总人口将占世界总人口 60% 以上,涉及国家数量庞大、战略需求多样、关系基础不同、治理问题复杂、文化思想多元。同时"一带一路"建设的愿景并非仅仅停留在经济合作层面,其政治、文化方面的交流和协商更加考验着"一带一路"沿线国家关系的治理。

"一带一路"沿线国家关系治理具有相当的重要性和难度,但并不妨碍中国从整体上针对"一带一路"沿线国家形成较为稳定的国家关系治理模式。习近平主席于2014年6月出席中国—阿拉伯国家合作论坛第六届部长级会议时提出中阿共建"一带一路"遵循"共商、共建、共享"原则①。这一原则本身要求中国在与这些国家的关系治理中,应当充分重视并尊重"一带一路"沿线国家行为体的主体作用与"主人翁"地位,每个行为体都是平等的成员,充分考虑彼此的战略需求,谋求共同利益,合作共赢。

　　在"一带一路"建设过程中,需要充分利用国家间的互动过程建构关系,在过程中塑造新的共同的利益以及双方或者多方所认可的规范和规则。只有在互动过程中,沿线国家治理才有可能寻找关系治理的阻碍因素,并予以及时解决;才有可能减少战略猜忌,加深战略互信;才有可能不断促进文化的融合与交汇,探索符合多方需要的"公共产品",形成"一带一路"合作框架下的核心凝聚力。

　　"一带一路"的国家关系治理也必须重视治理框架下其他行为体的互动与实践。比如以对外援助、人员互访、信息交流、文化传播和问题宣传为主的公共外交以及国际或地区组织、跨国公司等次行为体参与的行为活动,这些都将成为"一带一路"沿线国家关系治理的重要助推,同时也是"一带一路"建设的重要组成部分。

　　通过"一带一路"建设中国家行为主体关系的不断重构与治理,人类命运共同体的形成将具备更成熟的实践基础与观念基础。


**【国际制度建设】**

　　国际制度和国际组织是当前国家间合作的重要载体,是实现国家战略目标的重要手段。"一带一路"建设呼唤制度建设的进一步完善。制度建设不仅是"一带

---

① 习近平:《弘扬丝路精神,深化中阿合作——在中阿合作论坛第六届部长级会议开幕式上的讲话》,人民网,2014年6月6日,http://politics.people.com.cn/n/2014/0606/c1024-25110600.html。

一路"倡议得以深入推进的重要基础,也是推动全球治理机制创新完善的关键一步。

当前60多个沿线国家大多对"一带一路"表现出欢迎或接纳的态度,但是各个国家在其中所谋划的意图和利益具有千差万别的分歧甚至矛盾,各个国家的国情也有所不同。国际制度建设将有助于排除"一带一路"建设中的分歧因素,规范沿线国家的利益诉求,在透明化、务实、开放的制度基础上实现各国共商、共建、共赢;尽量减少"一带一路"建设面临的传统安全和非传统安全挑战,为"一带一路"建设保驾护航。"一带一路"相关的制度建设也将有助于最大限度降低部分国家的忧虑和担心,加强战略透明度,减少战略猜忌,促进政策沟通和政治互信,为"一带一路"沿线国家搭建平等互利的制度平台,推动沿线国家形成国际共识和社会基础。同时,"一带一路"制度建设更将有助于推动全球治理结构的变迁和完善,帮助沿线国家融入到全球治理进程中,为相关国家提供具有共同利益基础的公共产品,推动全球治理结构朝着更加公正、合理的方向发展。

从目前"一带一路"与现有治理制度区域覆盖程度来看,"一带一路"涉及的沿线现有的治理制度与组织基础较为全面且稳定,其中包括上海合作组织、亚信会议、亚洲合作对话、中国—阿拉伯国家合作论坛、中国—海合会战略对话、亚欧会议、中国—中东欧国家合作论坛、中欧峰会、中国—东盟"10 + 1"、APEC、东亚峰

图 5 - 4 亚洲基础设施投资银行

会、东盟地区论坛、中非合作论坛等。同时中国也在东北亚、中亚、北非、南亚、东南亚、欧洲地区拥有一定的关系基础和合作成果。"一带一路"现有的制度基础覆盖面广,既有政府间平台,也有次行为体平台;既有约束性较强的条约体系,也有具备弹性柔度的外交场所,可以较好地适应沿线区域的复杂情况。

当然,"一带一路"建设也已经建立了一定数量的新制度,比如亚洲基础设施投资银行、金砖国家开发银行、丝路基金和上海合作组织开发银行等,这些都将帮助"一带一路"建设突破现有全球经济治理制度的局限性。新设立的国际组织及制度均最大限度地贴合"一带一路"倡议的宗旨,坚持共商、共建、共享原则,遵循和平合作、开放包容、互学互鉴、互利共赢的丝路精神,为"一带一路"建设发展保驾护航。

**【沉淀思考】**

1. "一带一路"与人类命运共同体思想存在怎样的关系?

2. "一带一路"建设的宗旨目标与挑战是什么?

**【延伸阅读】**

1. [美]亚历山大·温特著:《国际政治的社会理论》,秦亚青译,上海人民出版社,2008年版。

2. 郑永年:《中国的崛起:重估亚洲价值观》,东方出版社,2016年版。